城市土地利用的"时间秩序"
——土地短期利用实践与制度创新研究

沈利强 肖 斌 刘 峰 等著

东南大学出版社
·南京·

图书在版编目(CIP)数据

城市土地利用的"时间秩序"：土地短期利用实践与制度创新研究 / 沈利强等著. — 南京：东南大学出版社，2024.9
 ISBN 978-7-5766-0975-2

Ⅰ.①城… Ⅱ.①沈… Ⅲ.①城市土地－土地利用－研究－中国 Ⅳ.①F299.232

中国国家版本馆 CIP 数据核字(2023)第 216753 号

责任编辑：贺玮玮　　　　责任校对：张万莹
封面设计：余武莉　　　　责任印制：周荣虎

城市土地利用的"时间秩序"：土地短期利用实践与制度创新研究
Chengshi Tudi Liyong De "Shijian Zhixu"：Tudi Duanqi Liyong Shijian Yu Zhidu Chuangxin Yanjiu

著　　者	沈利强　肖　斌　刘　峰　等
出版发行	东南大学出版社
出 版 人	白云飞
社　　址	南京市四牌楼2号　邮编：210096
网　　址	http://www.seupress.com
经　　销	全国各地新华书店
印　　刷	南京工大印务有限公司
开　　本	787 mm×1092 mm　1/16
印　　张	11.25
字　　数	215 千
版　　次	2024 年 9 月第 1 版
印　　次	2024 年 9 月第 1 次印刷
书　　号	ISBN 978-7-5766-0975-2
定　　价	76.00 元

本社图书若有印装质量问题，请直接与营销部调换。电话(传真)：025-83791830

编委会名单

主　　　任：蓝　涛

副 主 任：钟建生　曾震科　肖　斌

编委会委员：马　骏　王　晨　沈利强　刘　峰

著　　　者：沈利强　肖　斌　刘　峰　等

参 编 人 员：王宏玉　毛　鹏　郭　涛　胡曙光　范　欢　熊　成

　　　　　　孙静静　刘思源　薛　进　孔德勇　岳　欢　姜雄天

　　　　　　高运翔　汤俊杰　周贤琴　崔志祥

前言

在过去四十多年里,我国城镇化的高歌猛进为经济蓬勃发展提供了坚实的基石,然而,伴随这一进程的是土地资源日趋紧张的现实挑战。为应对这一挑战,全国各地纷纷展开土地节约集约利用的积极探索与实践,一系列创新政策和措施应运而生。土地多功能复合利用模式被广泛采用,旨在通过在同一地块上叠加多种功能,提升土地利用效率。地上地下空间资源的拓展也成为新的发展方向,通过开发地下停车场、地下商场等空间,有效缓解了地面空间的压力。同时,存量用地的更新和低效用地的再开发,以及产业用地的提容等策略,都在空间层面上显著提升了土地利用效益,使土地利用从传统的粗放型向集约型转变。

然而,在土地开发利用实践中,我们也观察到了一些新现象和新问题。首先,随着技术的不断进步和生活方式的革新,企业的生命周期逐渐缩短。有些企业可能在短短几年内就面临转型或关闭,真正能发挥价值或者高效发挥企业优势的时间也许就 5~10 年,其他时间都处于低效运行中,这与传统的工业用地 50 年出让年限相去甚远。这不仅导致土地资源的浪费,还增加了企业的经济负担。其次,政府在土地宏观调控中收储了大量土地,据不完全统计,这些土地往往处于 3 年以上的储备状态,无法及时转化为有效供给,尤其是城市中心区或建成区周边,因城市更新或改造存在大量短期需求,如停车、充电、买菜等,这些需求与储备土地空置之间的矛盾日益凸显。最后,新城或新区开发过程中,由于部分土地处于规划待定和待开发状态,临时性商业设施和公共服务设施的需求难以得到满足,这也导致了土地资源供需不匹配下的利用低效。

这些新现象和新问题,本质上是在时间层面上土地利用的效率问题。我们认为,土地利用不仅要在空间上实现集约,更要在时间上实现高效。为此,本书提出了"时间秩序"的概念,从时间维度探索土地高效利用的新路径。通过深入研究土地短期利用的方式和策略,我们试图找到一种既能满足当前发展需求,又能为未来留下足够发展空间的土地利用模式。其包括选择适宜的短期利用方式,以及在不同时间维度上灵活切换土地利用,以适应城市发展的动态变化。通过这种模式,我们可以增加土地的经济供给规模,为社会经济发展提供更为精准的空间资源保障。

实践证明，土地长期利用目标依靠短期利用状态叠加后渐进实现。从这个意义来看，要解决土地低效开发、利用方式与目标错位等诸多问题，必须构建土地短期利用政策体系，根据城市开发及土地利用阶段明确土地短期利用的制度安排，确保各类要素资源阶段性有序投放，最大限度激活土地空间潜力。为破解土地利用过程中无序状态问题，本书重点聚焦"制度来源是什么""先进经验有哪些""地方实践怎么样""制度体系怎么建"4方面的内容，阐述土地短期利用制度的来源、实践及体系构建情况。其中，"制度来源是什么"明确了短期利用制度产生的相关理论需求、现实需求，深入剖析了短期利用制度现状及存在的障碍；"先进经验有哪些"明确了国内外短期利用创新做法及实施效益，提出构建土地短期利用制度的启示和建议；"地方实践怎么样"深入剖析深圳土地利用现状及短期利用实践情况，总结可复制可推广的土地短期利用模式；"制度体系怎么建"重点围绕适用用途、规划管控、使用期限、产权管理、地价计收、到期处置、批后监管等管理环节进行流程再造，构建了完整的土地短期利用政策体系。

深圳为中国的经济特区之一，其土地资源的利用一直备受关注。在土地短期利用方面，深圳有着一些独特的实践和经验，实践证明土地短期利用对于提高土地利用率、促进经济转型升级、支持公共服务设施建设以及推动城市可持续发展等有重要意义。

本书是在长期跟踪研究深圳市及典型区域土地开发、供应、利用、管理等全链条政策的基础上编制完成的，由沈利强、肖斌、刘峰负责本书总体框架设计及技术指导。各章具体撰写工作完成后，由沈利强、肖斌、刘峰进行统稿和补充完善工作。各章主要编写人如下：

第一章：沈利强、肖斌、王宏玉；第二章：沈利强、刘峰、胡曙光、姜雄天；第三章：肖斌、范欢、郭涛、孙静静、岳欢；第四章：沈利强、刘峰、王宏玉、刘思源、薛进；第五章：沈利强、肖斌、刘峰、毛鹏、熊成、胡曙光、孔德勇；第六章：刘峰、熊成、王宏玉。同时，本书在编写过程中还得到了蓝涛同志的高度重视，以及钟建生、曾霞科、马骏、王晨等领导的指导和大力支持，在此表示衷心感谢！此外，高运翔、汤俊杰、周贤琴、崔志祥等在图件制作、表格整理、数据及资料搜集上提供了重要支持。本书也参考了国内外的学术论文、专业书籍等，书中已作具体引用说明，在此一并表示感谢！

此外，面向城市治理能力现代化审视过去土地利用制度、探索构建土地短期利用政策体系，是一个极具挑战性的难题，本书作者及研究团队深感学识水平和智慧有限，书中难免会有不足和疏漏之处，诚挚欢迎读者及研究同仁批评指正，共同促进我国土地利用制度改革的讨论走向深入。

目录

第一章 绪论 ········· 001
　第一节　问题提出 ········· 001
　第二节　土地利用"时间秩序"的内涵 ········· 005
　第二节　研究意义 ········· 008
　第四节　研究思路与框架 ········· 008

第二章 土地短期利用的产生与制度基础 ········· 011
　第一节　城市土地使用制度演进分析 ········· 011
　第二节　土地短期利用产生的理论基础与现实需求 ········· 015
　第三节　土地短期利用制度基础和瓶颈 ········· 023
　本章小结 ········· 031

第三章 国内外城市土地短期利用实践研究 ········· 033
　第一节　国内短期利用实践 ········· 033
　第二节　国外短期利用实践 ········· 051
　本章小结 ········· 058

第四章 深圳土地短期利用的先行探索 ········· 062
　第一节　深圳土地开发利用概况 ········· 062
　第二节　深圳储备土地短期利用的实践探索 ········· 071
　第三节　公共设施类的临时用地探索 ········· 076
　第四节　中短期土地利用探索——土地租赁 ········· 082
　第五节　产业用地弹性出让的制度探索 ········· 094
　本章小结 ········· 100

第五章 土地短期利用制度探讨与构建 …………………………………… 102
第一节 概念内涵和制度思路 ………………………………………… 103
第二节 土地短期利用规划和用途管控制度 ………………………… 108
第三节 土地短期利用期限的弹性机制 ……………………………… 119
第四节 土地短期利用的产权管理制度 ……………………………… 127
第五节 土地短期利用的地价计收规则 ……………………………… 132
第六节 土地短期利用的到期处置 …………………………………… 140
第七节 土地短期利用的批后监管机制 ……………………………… 145
第八节 土地短期利用制度体系构建 ………………………………… 154
本章小结 …………………………………………………………………… 159

第六章 土地短期利用的意义与展望 …………………………………… 160

参考文献 …………………………………………………………………… 166

第一章 绪论

第一节 问题提出

改革开放以来,我国城市的发展很大程度上依赖于土地制度的改革和发展,具体表现在土地有偿使用制度的建立为我国城市发展提供了原始资本积累,土地出让收入为地方财政收入做出了大量贡献,资本和土地生产要素的结合产生了强大的推动力,推动了近几十年来我国经济和城市的高速迅猛发展。

一、城市土地利用面临的问题

随着城市建设的快速推进,城市"摊大饼"进程加快,随之土地利用也暴露出一些问题:

一是土地短缺与土地浪费并存。在工业化、城市化建设的过程中,工业生产、城市建设对土地需求量极大,但城市土地资源潜力、建设用地指标则相对有限,导致供应远小于需求,这一点在经济发达地区表现得尤为明显。我国长三角、珠三角等地区都存在严重的土地紧缺问题,如广州、深圳、杭州、上海人均建设用地面积分别仅为52.1平方米、71平方米、78平方米、80.1平方米,在超、特大城市中处于较低水平;《深圳市国土空间保护与发展"十四五"规划》更是提出将建设用地总规模保持在1 032平方千米以内,未来新增建设用地极为有限。但同时也应看到,我国大多数城市土地紧缺并不意味着可建设用地的绝对缺少,而往往与土地资源浪费、低效利用有关,各地已批未建用地、闲置用地、旧工业区、城中村、旧居住区、旧工商住混合区等低效用地占了相当大的比例。以深圳市为例,土地管理部门调研数据显示,深圳市仅城中村用地总规模就有约320平方千米,约占深圳土地总面积的16%。由此可见,一方面城市土地供应愈发紧张,另一方面又有大量城市土地没有得到充分、合理的利用。

二是土地粗放经营与过度利用并存。从传统角度来看,粗放经营指的是将较少的生产资料和劳动力投放在较多的土地上进行粗耕粗作、广种薄收的经营方式,生产力水平低下,科技和管理水平落后,导致土地利用效益不高。但从现今城市发展的角度来看,城市土地虽然用途不是农业生产,但依然会产生粗放经营的情况,如因规划布局不合理产生的夹心地、边角地,再如老旧小区、老旧工业园区等容积率较低、建筑设计不合理的低效用地等。此外,城市土地存在粗放经营的同时还面临着过度开发利用。就城市土地而言,建成区面积是指城市行政区内实际已成片开发建设、市政公用设施和公共设施基本具备的区域,其占全市总面积的比例一定程度上能反映出城市土地开发强度。从建成区面积占全市总面积比例来看,东莞、深圳、上海、广州居于我国超、特大城市前列,分别达到48.5%、48.1%、19.5%、18.2%。建成区占比高一定程度上说明城市建设水平和城镇化水平高、土地开发强度大,但也并非越高越好,当前我国众多地区土地开发强度已经逼近或超过30%的国际警戒线,城市土地过度利用可能会导致新的问题产生。

三是土地利用效率有待提高。"人多地少"是我国的基本国情,与世界大多数国家相比,我国面临的土地资源形势更为严峻。尽管我国人均土地资源较少,但土地的利用率和利用效益并不高。我国城市土地利用模式基本上属于粗放型,数据显示,1986—1996年我国37个特大城市用地规模增长弹性系数已达2.29,超过标准1.12一倍多。目前我国城市约40%的土地被低效利用,城市规划整体容积率一般为0.4～0.45,而实际容积率不及规划容积率的70%,5%以上的土地处于闲置状态,土地利用仍存在较大潜力。

二、土地利用"空间"和"时间"并重

如何有效应对城市土地利用问题、高效利用土地资源,已经成为摆在政府决策者面前必须回答的问题。从土地资源利用理论的角度来看,传统路径主要包含以下几种解决思路:

一是土地分区利用。土地分区利用包括农业土地分区利用、城市土地分区利用、城市间非农业土地分区利用等。以城市土地分区利用为例,城市土地分区利用是指按照功能分区的规律对土地进行有序、合理利用的过程。在城市土地利用中存在明显的功能分区,如商业区、工业区、居住区等,商业区又可分成中央商业区、城市商业区、街区商业区等,工业区又可以分成重工业区、轻工业区和高新技术区,在发达国家居住区还可以分成低收入者居住区、中等收入者居住区和高收入者居住区,由此产生了"圈层说"与"级差地租"等理论。我国部分城市也相继开始从城市土地利用区位调整入手,

优化城市空间各项用地、各功能区占地的组合关系。遵循土地分区原理调整城市不同类型的土地利用在众多城市的土地利用规划中已经有所体现，如《深圳市土地利用总体规划(2006—2020年)》在考虑深圳主体功能区规划的前提下，兼顾城市空间布局、发展方向以及行政管理需要，将深圳市划分为五大土地利用分区（中心集约区、优化提升区、新增建设区、限制利用区和禁止开发区），并对五个分区进行严格的土地利用空间管制，全面推进节约集约用地。

二是土地集约利用。土地集约利用是我国土地利用的最基本原则。土地集约利用指的是在单位土地面积上合理增加物资和劳动投入以提高土地收益的经营方式。在工业化初期，一般重点关注土地利用的经济效益，而较少考虑社会效益和生态效益，如在城市土地利用上一味地追求土地的建筑密度和容积率。而到了工业化后期，土地利用的目标不再是经济效益至上，高建筑密度和容积率也不再是人们追求的唯一目标，良好宜居的环境、较低的容积率和建筑密度代替了原来的高容积率和建筑密度，在土地利用上力求经济效益、社会效益和生态效益的统一。

三是土地规模利用。土地规模利用实质是一种空间意义上的规模经济，是规模经济在土地利用上的体现。由于集聚经济的存在，在一定限度内，城市规模越大，经济效益越高，如我国超大城市、特大城市、大城市和中等城市的人均生产总值分别为小城市的3.3倍、2.4倍、2.5倍和1.7倍。具体到单个地块而言，单个地块面积越大，其规模经济效益也越高。从人均用地面积来看，城市规模的扩大同样存在明显的规模效益，城市规模越大往往人均用地也就越少，相应的地均GDP也就越高。

四是土地规划利用。土地利用规划是指一个国家或地区根据经济社会发展的需要和土地资源的实际状况，从长远和全局出发，对一定时期内城乡各类土地的利用所作的综合协调和统筹安排，以实现土地资源的合理永续利用，促进经济社会全面、协调、可持续发展。在我国，土地利用规划可以分为广义和狭义两种。广义的土地利用规划按时间跨度划分包括土地利用中长期总体规划和土地利用年度计划，按行政区域划分包括国家、省（区、市）、市（地）、县（市）、乡（镇）五级规划，按规划内容划分包括总体规划、专项规划和详细规划。狭义的土地利用规划则仅指土地利用总体规划。我国自1987年开始实行全国统一的土地利用规划管理，其对土地利用和土地市场发挥了重要的宏观调控作用，对控制非农建设占用耕地、促进国民经济健康发展的作用不断凸显。未来，随着国土空间规划的实施，对于土地资源将实现更加科学、更加高效的规划和利用。

当前，传统路径更多从空间层面关注如何优化土地资源配置、提高土地利用效率，比如各地采取盘活存量闲置和低效用地、加强土地立体开发、二三产混合用地等功能复合利用、成立经济开发区等举措来应对土地资源日益紧张的问题，正是对前文所述土地资源利用理论的充分运用。不难发现,无论是理论还是实践,目前我国提高土地利用效率的方式方法主要还是集中在土地利用的空间维度。与土地规模利用中的土地边际报酬递减的情况类似,这些空间维度的传统政策工具同样存在边际效用递减的情况,政策作用日益削弱,并且难以为继。从时间维度来看,土地利用有以下几种模式(图 1-1):

一般利用模式(A)下,土地利用可分为两个阶段,即土地供应前的在库阶段和土地供应后的永久开发建设阶段。从土地供应前的在库阶段来看,平均在库周期为 3 年左右,若该段时间不对土地做任何利用,土地利用效益几乎为 0;从土地供应后的永久开发建设阶段来看,以普通工业用地为例,永久开发建设期限为 50 年,土地利用效益会随着时间的推延和劳动投入的增加,在一定时期内逐渐达到一个峰值,但随后将会由于技术的变革和政策的迭代,呈现波动式下降的趋势,直至最终消亡。从这个视角来看,迫切需要提升土地在时间尺度上的集约利用水平,以此促进土地利用效益在时间尺度上最大化。

如果在库期间开展短期利用模式(B),我们可以允许在不影响土地供应和长期开发建设的前提下,探索并逐步建立一套合适的规则,利用已完成收储但暂不供应的"闲置"储备土地开展 1~2 年的短期利用,用于解决城市发展中较为迫切的民生或者公共服务需求,从而极大提升储备土地的利用效益。

再来看弹性利用模式(C)下,与一般利用模式下土地在供应后只能一次性进行长期开发建设不同,弹性利用模式下土地使用周期大幅缩短、供给频次增加、使用效益明显提升,更加符合企业生命周期和土地使用规律的要求。此外,其与在库期间开展短期利用模式有着共通之处,都是基于土地短期利用的视角,"激活"和"唤醒"沉睡状态的土地,更好地发挥土地要素对城市发展和经济增长的支撑保障作用。

目前,对于时间维度上的土地利用,学界的关注仅局限于临时用地、弹性出让等较为传统的土地利用模式,对于其他灵活土地利用需求的关注还较为不足,更没有形成完整的制度体系和规则。事实上,关于"时间秩序"的需求由来已久,并且往往伴随着问题而产生。例如改革开放后因大量建设工程、建设行为的需要而产生的"临时用地"这一做法,因储备土地在库时间过长导致的土地资源闲置而产生的储备土地的短期开发利用,急需的市政设施等民生设施需求产生的土地短期租赁,为解决土地一次性出让时间过长弊端而产生的土地弹性年期出让等。

一方面,目前从土地利用时间角度来解决土地利用效率问题的做法和经验均较为零散,从制度上来看散见于各种不同层级法律法规或者根本没有成文政策支撑;从实践来看,更是散落于全国各地,不同城市、地区的具体做法亦有差别。另一方面,从土地市场需求侧的角度来看,目前企业生命周期有缩短的趋势,与传统土地出让年限相匹配的长期用地需求日益减弱，同时伴随着土地价格水涨船高，企业不愿也没有必要承担较大的一次性拿地成本。与长期用地需求减弱相反，短期用地需求呈现出不断增长的趋势，并且这部分需求目前往往难以得到足够的重视和满足。

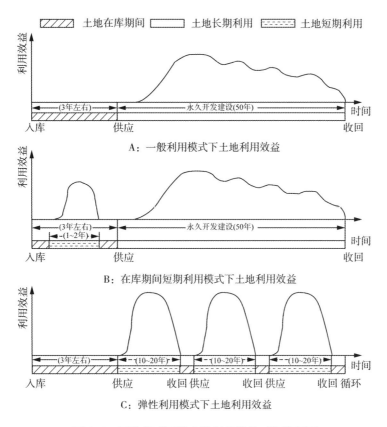

图 1-1 三种模式下的土地利用效益对比情况图

第二节 土地利用"时间秩序"的内涵

基于当前城市土地利用面临的现实问题，本书首次提出土地利用"时间秩序"这一概念，尝试从时间维度探索土地集约高效利用的路径选择，并围绕这一视角，从用途范围、使用期限、产权体系、地价计收、监管收回等全链条和各环节，构建起与之相匹配的完整制度规则，促进土地要素市场化配置。

从集约利用角度来看，"时间秩序"更加强调土地在时间维度上的集约利用，从时空两个维度最大限度激活土地利用效能。近年来随着我国城镇化的快速推进,城市"摊大饼"扩张和土地利用效率低下等现实问题日益显现,土地集约利用日益受到人们的关注和重视。近年来,政府和学界从规模引导、布局优化、标准控制、存量盘活等方面,对土地集约利用开展了大量探索和研究。我们发现,当前对土地集约利用的关注更多侧重于空间配置方面,较少关注时间配置这个维度,然而城市土地利用的效率和效益均与使用年期有很大关系,在土地资源约束趋紧的背景下,从时间维度来关注土地集约和高效利用,对于促进土地资源高效配置有重要意义。以土地出让为例,我国工业用地供应仍然普遍以最高年期出让为主,存在与企业发展周期不匹配的问题,产生了闲置、低效用地等现象。由此来看,从时间维度确保土地集约利用,也可以促进土地在空间上更加集约高效利用。因此,本书尝试从"空间"的另一个平行视角,即"时间"视角切入,探讨土地在时间尺度上的集约利用路径(图1-2)。

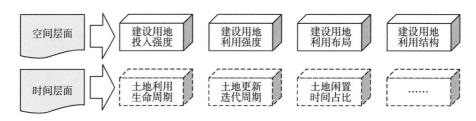

图 1-2 城市土地集约利用的两个维度

从土地生命周期的角度来看,"时间秩序"通过合理安排适应经济社会发展的土地使用期限,满足多元化的土地使用需求。使用年期是衡量时间尺度上的土地集约利用的核心要素。当前,我国城市土地包含无限期使用和有限期使用两种方式。其中,无限期使用仅限于国家以划拨形式批准的基础设施、机关、军事以及公益性等用地,而有限期使用则占据主导地位,类型多、应用广泛、规则也更加多样。从有限期使用方式来看,不同用地方式使用年期也不尽相同,土地出让的年期相对较长,比如居住用地最高出让年限为 70 年、工业用地为 50 年、商业用地为 40 年;土地租赁的年期相对较为灵活,既可以参照出让的年期实行长期租赁,也可以实行 5 年以内的短期租赁;此外,还包含一些 1~2 年短期的临时用地、储备土地短期利用等灵活方式。而当前,我国大部分工业用地供应仍以最高年期出让为主,导致企业一次性拿地成本相对较高,难以匹配不同企业的用地需求,同时,最高供应年期也与企业发展周期和用地时间不匹配,造成企业并未全周期用地进而产生闲置、低效用地等现象。此外,还有部分民生类设施均以无限期划拨的方式使用土地,更难以与人口变化和经济社会发展的趋势相适应。因此,本书从土地生命周期角度切入,构建适应新发展需要的土地使用期限模式,以期更好满足经济社会发展需要(图1-3)。

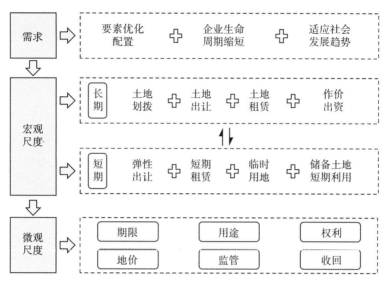

图1-3 城市土地利用"时间秩序"构建的主要内容

从制度构建角度来看,"时间秩序"旨在构建涵盖土地利用全链条和各环节的体系化制度规则,实现土地有序利用,进一步丰富土地供应方式。随着对土地利用时间尺度的探索不断深化,有必要构建与之相匹配的制度规则,"秩序"是相对于"无序"来讲的,是按照一定规则形成的稳定、连续的状态。随着土地使用年期的精细化安排,其用途范围、地价计收、产权体系、监管收回等各方面都要作出相应的调整。比如较短年期使用方式,土地使用周期短、迭代频次高,因此对准入的用途范围要趋严管理,对地价和产权的管理要更加灵活、方便,同时还要采取更加有效的监管手段,确保土地能够到期收回,而且到期后的土地是否能续期以及续期的相关规则,也是需要研究的重点。综上,本书聚焦土地利用的"时间秩序",针对长期以来城市土地利用存在的问题和需求,重点通过构建涵盖储备土地短期利用、临时用地、土地租赁、已供应土地短期利用等路径和模式的土地短期利用制度体系,促进土地节约集约利用和经济社会发展,与土地长期利用形成互相补充、互相支撑的有机体系。

需要说明的是,考虑到土地短期利用主要是城市化发展背景下的产物,在城市地区探索应用较为广泛,而且城市土地使用制度与农村集体土地使用制度存在较大差异,因此本书的研究对象仅针对城市建设用地,不包含农村集体土地。

第三节 研究意义

一、理论意义

当前,土地利用面临的"时间秩序"方面的新需求、新矛盾、新问题,都需要更多制度上的支持和理论上的突破。因此,本书将人们长期以来对土地使用的关注重点,从空间导向转换到空间时间并重上来,通过对土地短期利用相关理论、实践的探索,为土地使用制度的创新寻求一个理论突破口。同时,本书也通过构建土地短期利用制度体系,详细回答了土地使用制度涉及的年期、用途、权利等重要问题,比如构建了20年以内的土地短期利用规则体系,与20年以上的土地长期利用互为补充和支撑;结合经济社会发展需求,框定了土地短期利用的准入范围;另外,综合考虑土地短期利用的特点,对权利设置、审批机制、监管举措、到期处置等多个方面进行了详细安排。本书希望以"时间秩序"为视角,丰富和完善城市土地使用制度内涵,使其成为能够扩展至其他领域的思路。

二、实践意义

本书梳理分析了国内外大量案例,特别是以深圳为重点进行了深入阐述,充分挖掘了不同模式背后的需求成因、实施的具体路径、带来的实践效果,我们发现这些模式的共性特征就是土地使用年期缩短,并将其统称为土地短期利用。本书从实践的角度出发,分析了各地对土地利用在"时间秩序"上的不同需求,进而将国内外先进地区的一些实践探索和典型经验进行了提炼和固化,形成一种全新的、普适的土地短期利用模式,为满足多元化的现实需求提供了思路和路径。本书也希望能够通过对土地利用领域的实践研究,助力提升土地资源配置水平,实现城市高质量可持续发展。

第四节 研究思路与框架

本书以"时间秩序"为切入视角,通过对理论以及实践中"时间秩序"的经验和做法开展分析研究,重点以深圳土地短期利用的实践研究为基础,总结归纳出从"时间"维度提高城市土地利用效率的思路,并尝试对土地短期利用制度体系的基本框架、主要思路等进行探讨与构建。各章节主要内容如图1-4所示。

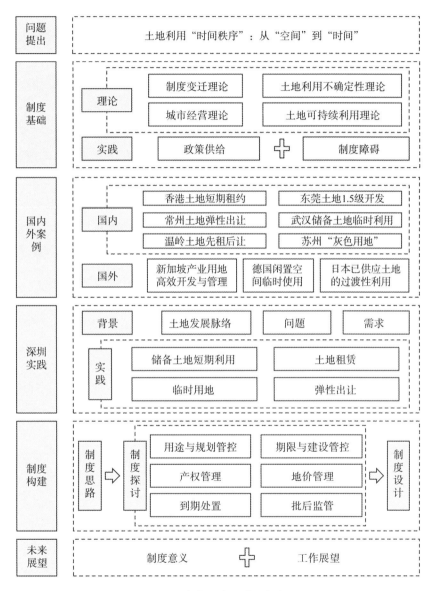

图1-4 本书研究思路和框架图

第一章是对本书的研究背景和框架的说明,主要包括问题的提出、研究范围的界定,阐述"时间秩序"的内涵以及本书研究意义和研究思路。

第二章是从国家维度对土地短期利用制度演进和存在问题的分析,主要内容包括从"时间"视角对我国城市土地使用制度演进进行分析,总结出我国城市土地使用制度

"时间"维度的特点及趋势,并从理论和现实的不同角度阐释土地短期利用产生的理论基础和现实需求,最后通过归纳土地短期利用制度基础,如临时用地、储备土地短期利用、土地租赁、土地弹性出让等不同短期利用方式,总结出土地短期利用目前仍存在的制度障碍和问题。

第三章是对国内外土地短期利用实践的分析。国内主要分析了香港灵活的土地短期租约、东莞土地1.5级开发、武汉等地储备土地的临时利用、常州的土地弹性出让、温岭的土地先租后让、苏州"灰色用地"等;国外主要分析了亚洲国家如新加坡、日本,欧洲国家如英国。

第四章是对深圳土地短期利用的实践分析,阐述了深圳土地开发利用概况,包括深圳土地开发利用现状、深圳土地管理制度的发展历程,并总结出深圳土地开发利用的现状特征,分析深圳土地短期利用的需求和趋势。分节阐释了深圳在储备土地短期利用、临时用地、土地租赁、弹性出让方面的基本情况、相关政策和典型案例。

第五章是本书的核心章,在系统分析、总结临时用地、短期租赁等短期灵活利用土地方式的基础上,尝试以"短期利用"理念统领构建土地短期利用制度体系,阐释了短期利用的概念内涵和政策思路,并从用途范围、使用期限、规划建设、产权管理、地价计收、批后监管以及到期处置和收回等方面分别展开探讨。

第六章是对土地短期利用的展望,主要内容包括土地短期利用的意义和对未来的展望,探讨土地短期利用模式对土地市场、城市规划、产业发展等可能产生的影响。此外,还对城市空间利用的更多思路提出展望。

第二章　土地短期利用的产生与制度基础

新中国成立以来,随着我国社会经济环境变化,城市土地使用经历了从无限期使用到有限期使用再到弹性年期使用的变迁过程。为解决土地要素流动不畅、资源配置效率不高等问题,储备土地短期利用、土地租赁、弹性出让等灵活用地方式应运而生,与传统土地长期利用制度形成互补,共同助推经济社会高质量发展。

第一节　城市土地使用制度演进分析

从土地使用的时间视角来看,城市土地使用制度发展经历了无限期使用、有限期使用探索、有限期使用规范、弹性年期使用四个阶段(图2-1),目前已形成长期使用与弹性年期使用并存的土地利用格局。

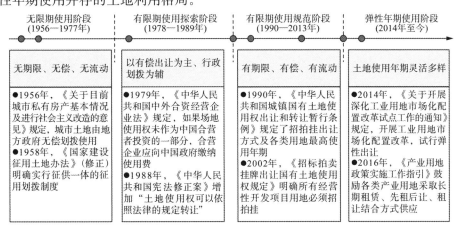

图2-1　城市土地使用制度演进历程图

一、无限期使用阶段(1956—1977年)

新中国成立至1956年,国家基本完成社会主义公有制改造,计划经济逐步成为城市建设和社会发展的"指向标",由国家采用统一分配、划拨、处置等方式向国企和公私合营企业供应土地,企事业单位无偿或低租金无期限使用土地[①]。这一阶段土地使用的显著特征是无期限、无偿、无流动。

1956年1月,中共中央书记处印发《关于目前城市私有房产基本情况及进行社会主义改造的意见》,明确规定一切私人占有的城市空地、街基地等地产一律收归国家,同时规定城市土地由当地政府无偿划拨使用。为适应生产资料所有制改变的需要,1958年国务院颁布《国家建设征用土地办法》(修正),明确兴建厂矿、铁路、交通、水利等工程的,由用地单位申请、地方政府核拨、用地单位补偿,实现土地征用后划拨使用。随着社会主义改造的推进,手工业者和资本家拥有的私有土地经社会主义改造逐步转为国有土地。

社会主义改造后绝大部分城市土地属于国家所有,国家机关、企业、学校、团体、公私合营企业、私营企业等主体不能再通过市场购买和租赁私人土地,而是通过征用后由政府行政拨付、无偿使用。全民所有制企业作为永续经营的假设主体,可无期限使用土地及其他要素资源组织生产,为国家贡献利润。此时,企业与国家的关系更多是行政而非经济关系,考虑到全民所有制企业将全部利润上缴国家后,再缴纳国有土地使用费将提升企业生产成本,或影响企业再生产规模,无益于增加国家收入,因此计划经济体制下企事业单位无偿使用国有土地,有助于最大限度节约行政管理成本。

总体来看,这一阶段土地所有权和使用权实质高度统一,须由土地行政主管部门审定国有土地使用方向、用途性质,允许使用人在封闭、有限的情况下无期限使用。这种按计划配置并长期无偿使用土地的方式,确保了原用地主体生产的稳定性,为推进国家工业化和社会主义建设提供了重要的原始积累,但也存在抑制土地资源高效率流动、国有资产隐形流失等诸多问题。为进一步推进社会经济发展,土地使用方式改革势在必行。

二、有限期使用探索阶段(1978—1989年)

改革开放后,为适应经济体制发展的需要,促进城市建设和经济发展,我国开始探索城市土地有期限有偿使用,加快推进土地资源市场化配置进程,城市土地供应方式逐步由以行政划拨为主向以有偿出让为主、行政划拨为辅转变,为工业化和城市化新

---

① 杨璐璐.中国土地供给制度演进轨迹:文献综述及其引申[J].改革,2012(1):24-32.

征程提供了土地要素保障,有力支撑了社会主义市场经济体制改革。

探索初期,为与国际经济接轨,确保国家土地所有权在经济上得以实现,我国率先向中外合资企业收取城市土地使用费,迈出城市土地有偿使用关键一步。1979年,全国人民代表大会审议通过《中华人民共和国中外合资经营企业法》,明确中外合资企业使用未作为中国合营者投资的一部分的场地使用权,应向政府缴纳使用费;次年,进一步将场地使用费计收范围拓展至所有的中外合资企业用地。1980年,国务院批转《全国城市规划工作会议纪要》,明确征收城市土地使用费是城市建设和维护的固定资金来源。探索土地有期限有偿使用后,通过经济约束机制改变了过去多占地、乱占地、滥用地的现象,促进了土地节约集约利用,为财政收入开辟了新的来源。

1984年,我国全面开展城市经济体制改革,城市土地有期限有偿使用方式开始呈现多样化发展。1987年,经国务院批准,深圳、上海、天津、广州等城市进行土地使用制度改革试点,同年9月、11月和12月,深圳市分别以协议、招标和拍卖的方式出让了3宗国有土地使用权,开创了中国土地使用制度改革的先河。为了使国有土地使用权有偿出让顺利推进,1988年《中华人民共和国宪法修正案》删除了土地不得出租的规定,增加了"土地使用权可以依照法律的规定转让"。

自此,我国城市土地逐步过渡到有期限有偿使用阶段,初步形成了自由流动的土地市场,有力支撑了中国城镇化高速发展。与此同时,发育幼稚的土地市场也存在划拨土地非法入市、隐形交易等问题,土地市场化改革仍存在一定的局限性与不彻底性,土地使用方式仍有待进一步规范。

三、有限期使用规范阶段(1990—2013年)

为进一步培育和规范土地市场,国家出台系列政策,明确土地使用审批程序、出让年限等内容,全面深化土地有偿使用制度改革。这一阶段土地使用方式趋向多样化,显著特征是有期限、有偿、有流动。

20世纪90年代,我国城市土地有期限有偿使用进入快速发展阶段。1990年,国务院总结各地土地使用制度改革试点经验,颁布实施《中华人民共和国城镇国有土地使用权出让和转让暂行条例》,规定协议、招标、拍卖三种土地出让方式及各类用地最高使用年期,同时也明确了土地二级市场上出租、转让、抵押等相关要求。1998年修订的《中华人民共和国土地管理法》规定,除国家机关用地和军事用地、城市基础设施用地和公益事业用地等外,建设单位使用国家土地,应当以出让等有偿方式取得。从此,我国城市土地有偿使用走上有法可依的轨道,推动土地使用制度改革向前迈进一大步。

21世纪初,我国初步建立城市土地储备制度,按照"征收—储备—供应"实施管理,发展和繁荣了有期限有偿使用的土地市场(图2-2)。2001年,国务院发布《国务院关于加强国有土地资产管理的通知》,要求推行国有土地有偿使用制度,其中明确提出有条件的地方政府要对建设用地试行收购储备制度,首次在国家层面推行土地储备制度,形成了"一个渠道进水、一个池子蓄水、一个龙头放水"的统一机制,即通过土地征收、土地收回、土地收购、土地置换等方式,对政府掌握的土地进行统一收储、集中供应,加强对土地市场的宏观调控,促进城市土地高效利用。2002年5月,国土资源部发布《招标拍卖挂牌出让国有土地使用权规定》,要求所有的经营性开发项目用地都必须通过招标、拍卖、挂牌方式进行公开交易。2004年,土地市场化改革进一步拓展至工业用地,要求创造条件逐步实行招标、拍卖、挂牌出让。在此过程中,政府实际上掌握了城镇化的主导权,并通过土地增值收益再投入的方式,提升了土地资源资产价值。

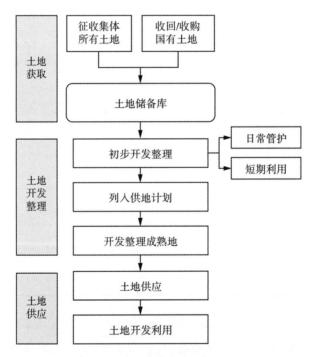

图2-2 土地储备供应流程图

这一阶段土地有限期有偿使用逐步规范化发展,有助于发挥政府作为宏观经济调控"无形之手"的作用,引导资源要素合理流动。但这种以长期利用为主的方式难以满足企事业单位灵活用地需求,土地资源结构性紧缺与社会经济发展矛盾日益突出,土地使用制度亟待进一步优化调整,以增加土地弹性供给。

四、弹性年期使用阶段(2014年至今)

随着土地使用制度改革深入推进,城市土地使用期限逐步由无限期、有限期向弹性年期转变,土地要素市场价值逐步显化,带动城市经济高速发展。这一阶段土地使用年期灵活多样,更符合差异化用地需求。

2014年12月,国土资源部、国家发改委联合下发《关于开展深化工业用地市场化配置改革试点工作的通知》,在全国范围内选择辽宁阜新、浙江嘉兴、安徽芜湖、广西梧州4市为试点地区,开展工业用地市场化配置改革,其中一项重点工作是制定弹性出让政策实施办法。2015年9月,国土资源部等印发《关于支持新产业新业态发展促进大众创业万众创新用地政策的意见》,提出鼓励以租赁、先租后让、租让结合等多种方式向中小企业供应土地。2016年,国土资源部印发《产业用地政策实施工作指引》,鼓励各类产业用地采取长期租赁、先租后让、租让结合方式供应。此后,浙江温岭、广东深圳等地均开展了工业用地弹性出让实践,如2018年温岭市将城西街道27.55亩(1亩约为666.67平方米)工业用地以先租后让方式挂牌出让,为深入推进土地供给侧结构性改革进行了有益探索。

实行土地弹性年期使用,是推进供给侧结构性改革、降低实体经济用地成本的需要[①]。随着城市发展进入内涵发展阶段,采用土地弹性出让方式更符合企业生产经营规律,有利于解决土地供应年限与各类用地需求不匹配的问题,提高土地在时间维度的综合利用效益。未来土地使用方式将趋向期限弹性化、使用灵活化,渐进实现城市发展目标。

第二节 土地短期利用产生的理论基础与现实需求

从理论上看,土地短期利用的产生与发展是土地使用制度革新以实现外部利润内在化要求的必然选择,有利于解决远景规划与近期开发诉求矛盾,有序提升土地资源资产价值,实现土地可持续利用;从现实需求上看,土地短期利用是政府有序盘活土地、企业高效利用土地、社会灵活使用土地的关键举措,有利于解决用地供需错配问题,满足社会经济发展过程中灵活用地需求。因此,土地短期利用具有理论与实践创新意义,可有效补充完善土地利用制度,促进土地资源在时间维度高效集约利用。

---

① 夏佩佩.试论推广产业用地弹性出让制的必要性——基于企业生命周期论[J].现代营销(学苑版),2014(2):90-91.

一、理论基础

土地短期利用的相关理论主要包括制度变迁理论、城市经营理论、土地利用不确定性理论、土地可持续利用理论,该理论体系从制度演进、城市经营、发展预期、代际平衡等方面深刻阐释了土地短期利用产生的必然性。

(一)制度变迁理论

20 世纪 70 年代初,资本主义世界进入高失业与持续通胀并存的滞胀阶段,反对国家干预的新制度经济学派应运而生。以诺斯(Douglass C. North)、威廉姆森(Oliver E. Williamson)等为代表的新制度经济学家将制度因素纳入经济增长的分析框架内,构建起一套完整的理论分析框架,揭示了制度的本质内涵,有力解释了制度变迁和创新的过程。

诺斯认为制度是一系列被制定出来的规则、秩序、行为道德及伦理规范,提供了约束人们互动关系的框架[①]。制度可以视为一种普遍而广泛的公共产品,具有约束主体行为、降低交易成本、形成激励效应、优化利益分配等功能。在我国土地使用制度中,政府垄断土地一级市场供给,并采取招标、拍卖、挂牌、协议等方式将土地使用权有期限有偿供应给土地使用者。这种土地使用制度科学界定了土地使用参与主体的权、责、利,有利于减少经济外部性,实现激励相关主体不断努力创新和重划利益分配格局的双重作用。

制度变迁是行动主体为谋取潜在利益而推动的制度变革,是新制度产生、替代或改变旧制度的动态过程。诺斯认为:"资源、技术、偏好与制度等的配置是一个联动的体系,制度变迁意在实现更高的效率,达到制度动态均衡。"从制度变迁动因看,舒尔茨(Theodore W. Schultz)认为制度是一种生产要素,当制度变迁的边际收益大于资本等要素的边际成本时,行动主体才会推动制度变迁,否则,他们将增加其他要素投入。从制度变迁方向看,我国经济学家林毅夫按照推动制度变迁的主体不同将制度变迁分为诱致性制度变迁和强制性制度变迁两类,诱致性制度变迁是指行为主体或利益集团自发组织实施的自下而上的制度创新,强制性制度变迁是指政府借助公权力组织实施的自上而下的制度创新。从制度变迁惯性路径上看,科斯(Ronald H. Coase)认为制度变迁存在着报酬递增和自我强化的路径依赖机制,这种机制使制度变迁一旦走上了某一路径,它的既定方向会在以后的发展过程中得到自我强化。

从土地制度变迁历程来看,社会主义改造后城市土地基本归国家所有,采用行政划拨方式配置,这种方式约束了土地要素自由流动,造成土地资产价值难以合理显化,土地开发潜在利润因制度约束而僵化。改革开放后,市场经济发展要求进一步放宽土地使用、流转等限制,将土地作为资本投入生产经营,地方政府也要求充分发挥土地资

---

① 诺斯.制度、制度变迁与经济绩效[M].刘守英,译.上海:上海三联书店,1994.

源资产价值,补充地方城建开发资金,因此在政府和市场主体双向推动下土地使用方式逐步由无偿无期限向有偿有期限过渡。党的十八大后,我国经济发展进入新常态,土地需求发生结构性变化,传统土地使用制度无法满足急需的基础工程、公服设施等用地需求,造成部分城市土地使用长期锁定在低效无序的状态。为了将短期开发的潜在利润内在化,政府和市场主体积极组建行动利益集团共同体,推动创新土地弹性化利用方式,破解土地短期利用需求与长期经营低效的矛盾。为满足多层次用地需求,预计未来土地使用制度将持续沿着"长期优化利用+短期灵活开发"的轨道变迁,促进土地在时间维度的高效集约利用。土地使用制度变迁机制如图2-3所示。

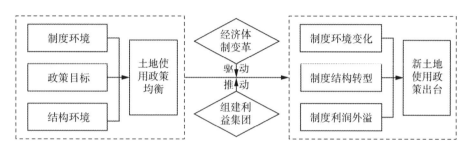

图 2-3 土地使用制度变迁机制图

(二) 城市经营理论

20世纪50年代,城市经营思想在西方国家开始萌芽,法国、美国、日本等国家借鉴企业经营的理念,在城市基础设施建设过程中对投融资管理、城市资产利用等方面进行了改革创新,尝试采用市场化机制吸引民间资本,促进城市硬件环境建设。80年代,随着城市间竞争加剧,学者提出了城市促销计划的概念,通过对城市管理措施的改革来促进城市资产的市场化利用。Short和Kim[1]研究总结得出,城市经营理论即以城市政府为主导的多元经营主体根据城市功能对城市环境的要求,运用市场经济手段,引导城市土地资源与其他公共资源在容量、结构、秩序和功能上实现最大化与最优化利用,从而提升城市的综合竞争能力,促进城市可持续发展。

狭义的城市经营认为土地是城市最重要的资产,城市经营是城市政府将城市土地资产推向市场,通过对土地使用权进行市场化运营,最大限度地盘活城市土地资产,实现城市土地资产的保值增值。广义的城市经营则将经营范围拓展至城市可以经营的各类资产。归根到底,城市经营的本质是将城市资源资产化运作,以市场化的方式提

---

[1] Short R J, Kim Y H. Urban crises/urban representations: selling the city in difficult times [M]//Hall T, Hubbard P. The entrepreneurial city:geographies of politics, regime and representation. London: John Wiley & Sons,Inc.,1998.

高公共产品供给效率的新城市管理模式。实践中城市经营模式主要有公司经营模式、城市经理模式和国土开发模式(表2-1)。公司经营模式指由政府选定新城规划建设公司负责新城的开发经营,并每年向议会提交工作报告,比如英国新城运动;城市经理模式指由城市议会聘任一名城市经理执掌行政权,使得政治与城市问题相对独立,全面推动政府管理的企业化运作,比如美国城市经理;国土开发模式指政府制定全国综合开发规划,并为从事住宅建设、市政建设和市区再开发等事业的团体提供贷款及财政补贴,通过扩大政府公共投资,加速小城市经济集聚发展,如日本都市再生。

表 2-1 国外主要城市经营模式情况表

城市经营模式	经营目标	管理方式	代表国家
公司经营模式	经济健康,城市高效建设	新城开发由中央政府指定委员会管理,并成立专门开发公司分批次开发新城	英国
城市经理模式	提升市政专业化高效运作水平	选举市政委员会,招聘市政经理,并成立财政事务部、社团开发部、人员服务部等部门,组织城市经营管理工作	美国
国土开发模式	依托都市再开发提振城市化水平	制定国土综合开发法,为城市基础整备公司等提供财政贷款,加速小城市开发	日本

城市开发进入存量提升阶段后,城市间将面临更激烈的产业、公配、空间资源竞争,政府亟须通过灵活用地方式,对土地资产进行市场化运作,从而提升土地资产价值。土地租赁、弹性出让等短期利用方式实质是将土地及其他要素资源在时序上进行组合,快速地投资建设以提升片区的整体氛围,促进区域增值,实现城市长期可持续经营。因此,城市经营中应将土地短期利用作为关键手段之一,将促进土地要素资源有效供给,为城市土地资产保值增值和高效运作提供"发动机"功能。

(三)土地利用不确定性理论

不确定性理论是在确定性思想的基础上产生的。1927年德国物理学家海森堡(Werner Karl Heisenberg)提出不确定性理论,推导出宇宙不可避免地趋向于无序和混乱,打破了人们对确定性思想的迷信。大量实践证明,世界是不确定的,而不确定性理论正是在此基础上发展而来的差异、矛盾、无序等思想,其含义主要包括无序性、差异性、随机性、模糊性、不稳定性和不可预见性等。学者认为产生不确定性的来源主要有测量不确定性、预测模型不确定性、微小因素影响不确定性、对结果解读不确定性四方面[①]。因此,只能尽可能缩小误差范围,完善预测未来所依据的信息,以使预测内容与未来走向趋近。

土地利用方式选择的重要特征是指向未来的,而土地利用过程中存在众多不确定

---

① 朱延智.企业危机管理[M].北京:中国纺织出版社,2003.

因素,是一个信息不完全的灰色系统①。土地利用是一种多阶段的动态决策问题,它所包含的量随着时间和空间的变化而不断变化。在区域经济快速增长和城市内涵式发展背景下,土地利用的各项因素必然随之变化,从而导致土地利用方式产生更大的不确定性,其内涵包括三方面(图 2-4):①土地利用的时间和空间具有不可逆性,要求将对未来的预测与未来的变化相结合,解决土地利用方向偏差问题;②土地短期利用预测精准度高于长期利用,而长期利用过程中不确定因素较多,难以精准预测,因此须重视土地短期利用方式,形成渐进式的土地开发利用思想;③土地利用规划指导时间一般不超过 20 年,其所处环境动态变化越强烈,阶段性修改和补充就越频繁。

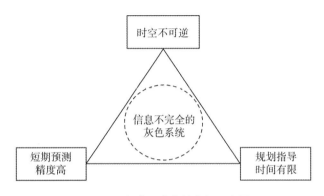

图 2-4　土地不确定性内涵示意图

为解决土地利用方式与现实需求脱节的问题,土地利用方式逐步弹性化发展,主要表现为:①目标体系弹性化。科学开展各类土地需求量及供给量预测,设置控制性指标浮动区间及弹性发展区域,避免刚性指标约束造成土地利用模式僵化。②使用期限弹性化。土地使用期限需符合特定区域和时期内社会经济发展需求,提前在时间维度预留城市发展空间,并结合形势变化适时调整土地利用方式。③利用方案弹性化。应根据区域资源禀赋与地块现状特点制定适宜的土地利用方案,实现经济、社会、生态等多重发展目标。

土地利用不确定性是造成部分规划失效的重要原因,因此,须采用更为灵活的土地短期利用模式,引入计划约束机制、市场激励机制、公众参与机制和信息反馈机制作为模式实施的保障机制,按照制定弹性规划、滚动渐进实施、监测实施成效、动态调整优化的路径正向提升土地利用效益,有效解决用地需求不确定带来的各类用地问题。对政府而言,土地短期利用充分考虑到社会经济发展的复杂性及空间资源充分配置的问题,使得土地制度安排更具有效率,增加土地经济供给,有利于渐进式实现区域未来

---

① 王万茂.规划的本质与土地利用规划多维思考[J].中国土地科学,2002(1):4-6.

发展综合目标；对于用地主体而言，土地短期利用可以解决短期用地需求问题，并为其后期转型升级预留合理的发展空间。总的来说，土地短期利用是应对土地利用不确定性的重要方案之一，有利于引导土地资源高效利用、渐进优化土地利用发展目标。

（四）土地可持续利用理论

土地可持续利用是可持续发展思想与土地利用的创新结合。1990年2月，首届国际可持续土地利用系统研讨会上正式确认了"可持续土地利用"这一概念。1993年，联合国粮农组织发表的《可持续土地利用管理评价大纲》阐明，如果预测到一种土地利用在未来相当长的时期内不会引起土地适宜性的退化，则可认为这样的土地利用是可持续的，其目标是保持或提高生产性、安全性、保护性、可行性和可接受性。国内学者普遍认为土地可持续利用应统筹好"人—地"关系、"人—人"关系，并将其定义为在特定时间和地区条件下对国土资源进行合理开发、使用、治理、保护，协调人地关系及人与资源、环境的关系，以提高土地资源利用效率，满足当代人与后代人生存发展的需求[①]。

在城市发展进入内涵式增长的新阶段，保障工业化和城市化所需的建设用地是土地可持续利用的重要目标之一，这要求进一步优化土地利用方式、结构和布局，使其处于综合效益最大化的动态优化状态。因此，未来土地可持续利用亟须进一步优化配置土地资源，改革土地长期低效利用的方式，以土地短期利用的方式提升土地资源的可更新能力和使用效率，最大限度增加城市土地经济供给规模，确保城市土地在发展周期内供需动态平衡，协调经济、社会、资源和环境四大系统，解决区域间、代际间土地利用与责任分担不平衡的问题，促进后续土地可持续利用。土地短期利用与可持续利用关系如图2-5所示。

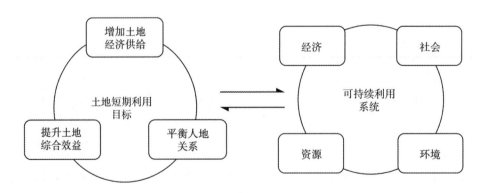

图2-5 土地短期利用与可持续利用关系图

---

① 刘喜广. 城市土地可持续利用研究：以武汉市为例[D]. 武汉：华中农业大学，2007.

二、现实需求

土地是各类物理空间设施建设的载体,土地利用需求是人类为了生存与发展利用土地进行各种生产和消费活动的需求。在城市发展过程中,高度集聚又不断动态变化的居住、商业、民生等各类设施建设与消亡,反映了旺盛的、动态的土地需求。目前已有研究主要集中在对长期用地需求的宏观规模预测和评估方面[①],少有关注短期用地需求。从时间维度来看,短期用地需求是土地需求中的"快变量",能够灵敏反映经济城市建设发展的动态性,主要体现在新城区分阶段开发、储备土地短期利用、产业用地弹性供应、公服设施用地过渡性利用、已供应土地短期利用等方面。

(一)新城区分阶段开发需求

城市中心城区大多面临人口拥挤、居住条件差、产业发展空间不足等问题,建设城市新区成为现代化城市发展的必然选择。城市新区作为承接中心城区产业、人口迁移的重要载体,拥有独立性、系统性的特点,主要表现在三个方面:一是大多位于城郊区域,新区与中心城区之间存在紧密的社会、经济联系;二是城市发展空间充足,为缓解中心城区社会、经济、生态环境压力提供有力支撑;三是开发周期长,城市规划须分步实现。

因此,城市新区往往面临远景规划与近期开发诉求的矛盾,亟须创新梯级土地开发模式,将基础设施完备、土地出让较慢、潜在价值较高的地块,租赁给承租人进行过渡性开发利用,待片区预热、资源有序导入后,政府按约定收回土地,并按远景规划实施,如东莞市通过 1.5 级开发方式,在滨海湾新区先行打造包括总部办公、商业酒店、滨海观光塔等内容的标志性建筑——"湾区一号",在短期内"抢出"更多时间效益,后续将带动片区发展,加快建设产业创新生态集聚区,打造东莞城市副中心与新增长极。

(二)储备土地短期利用需求

目前,地方政府掌握了相当规模的储备土地,土地供应节奏变化大,且供给结构性差异明显,造成部分储备土地长期在库且处于"晒地"状态,比如,2022 年 7 月底上海市土地储备总规模为 22 538 公顷,每年供应规模约 2 000 公顷,供应结构以产业用地为主,预计储备用地可供应超 10 年,主要以拦网围蔽、简单绿化等方式管护,利用效率较低。

因此,为解决储备土地管理过程中利用程度低的问题,亟须以出租、临时使用等方式适当开发利用在库储备土地,促进储备土地管护利用一体化,如武汉市允许土地储备机构依法将储备土地使用权单独或连同地上建(构)筑物一起以出租、抵押、临时改变用途等方式加以利用。

---

① 姜海,曲福田.建设用地需求预测的理论与方法:以江苏省为例[J].中国土地科学,2005(2):44-51.

(三)产业用地弹性供应需求

根据我国土地管理政策法规,工业用地出让的最高年限是50年,各地一般按照最高年限出让工业用地。这一传统供应方式存在供应年限与企业活跃期错配、用地成本较高等诸多问题,同时部分工业项目受到技术更新换代及市场需求变动等因素影响,土地亩产效益明显降低,或造成低效利用,甚至出现了无序转让、私自改变用途等现象,如揭阳某工厂经营效益较差,便私自拆除旧厂房,建设15层楼的住宅。

因此,为有效解决当前产业用地供需错配的问题,确保真正需要用地的优质项目落地,亟须探索租赁与调整供应年限相结合的产业用地市场化配置方式,建立长期租赁、先租后让、弹性年期出让等弹性供应模式,如某中小制造业企业生命周期约10年,采用10年期弹性用地供应方式预计降低约50%的初始用地成本,极大提升土地综合利用效率。

(四)公共服务设施用地过渡性利用需求

公共服务设施用地过渡性利用需求主要包括应急设施用地需求、急需的公服设施用地需求、周期性变化的公共服务设施用地需求三类(表2-2)。应急设施用地需求指因抢险救灾、疫情防控等急需临时使用土地的需求,因其大多为突发、紧急的事项,通常先临时使用土地后审批,全力保障应急设施落地。急需的公服设施用地需求指短期欠账金额较大的教育、文化、体育、环卫、市政等需求,特别是超大城市高度建成区的公共服务设施需求旺盛。周期性变化的公共服务设施用地需求指受技术变革、人口结构周期变化等因素影响周期性变化的设施需求,如随着新能源技术在汽车领域推广应用,充电桩建设需求较为旺盛;随着人口老龄化程度加深,未来服务老龄人群的设施缺口呈扩大趋势。

因此,为满足公共服务设施用地过渡性利用需求,亟须创新运用临时用地、短期租赁、长期租赁等方式,提升用地供给周转效率,最大限度满足居民对公共服务设施的需求。

表2-2 公共服务设施用地过渡性利用需求分类

需求类型	适用范围	利用方式
应急设施用地需求	抢险救灾、疫情防控等	临时用地
急需的公服设施用地需求	急需的教育、文化、体育等公服设施	租赁
周期性变化的公共服务设施用地需求	受技术变革、人口结构周期变化等因素影响周期性变化的设施需求	租赁、已供应土地短期利用

(五)已供应土地短期利用需求

已供应土地短期利用需求包括连片用地分阶段开发需求及规划调整期过渡性利用需求。对于已供应的体量较大的连片土地,实施分宗开发周期较长,建设过程中部分地块或长期处于闲置状态;对于处于规划调整期的已供应土地,短期内无法按照原供应土地的规划要求开发建设,或造成用地"低效"。

因此,为最大限度实现已供应土地利用效益,有必要通过政策优化、地价激励等方式,规范已供应土地开展短期利用,如创新"带短期利用条件"出让的方式,鼓励企业对自有产权的分期开发用地适时开展短期利用,待滚动开发条件成熟后,再根据长期规划要求进行永久性开发建设。

第三节　土地短期利用制度基础和瓶颈

为了适应经济体制改革发展需要,更好地满足城市建设,新时期背景下临时用地、储备土地短期利用、土地租赁、弹性出让等用地方式应运而生,并与划拨、出让等长期用地方式形成了良好互补,共同为城市建设发展提供了用地保障。同时,短期利用实践过程中反映出政策体系不健全、操作规则不明晰、审批与规划衔接不畅、传统监管方式难以满足需求等诸多问题,制约了土地短期利用市场的规范化发展,亟须进一步优化管理制度。

一、土地短期利用相关政策

目前国家已出台临时用地、储备土地短期利用、土地租赁、弹性出让等短期利用相关政策,为构建土地短期利用政策体系打下了基础。

（一）临时用地

临时用地是指为满足建设项目施工、地质勘查等建设过程中堆放建筑材料、施工便道和工人宿舍等需求,临时使用的国有土地或农民集体所有土地。在我国城镇化快速发展的进程中,临时用地制度对城市开发建设起到了重要的保障作用。

1. 基本情况

1986年颁布的《中华人民共和国土地管理法》[①],首次提出"临时用地"概念,明确因工程施工需要材料堆场、运输通路的,由建设单位向批准工程的用地机关提出临时

---

① 1986年《中华人民共和国土地管理法》第三十三条规定:"工程项目施工,需要材料堆场、运输通路和其他临时设施的,应当尽量在征用的土地范围内安排。确实需要另行增加临时用地的,由建设单位向批准工程项目用地的机关提出临时用地数量和期限的申请,经批准后,同农业集体经济组织签订临时用地协议,并按该土地前三年平均年产值逐年给予补偿。在临时使用的土地上不得修建永久性建筑物。使用期满,建设单位应当恢复土地的生产条件,及时归还。架设地上线路、铺设地下管线、建设其他地下工程、进行地质勘探等,需要临时使用土地的,由当地县级人民政府批准,并按照前款规定给予补偿。"

用地申请。随着城市土地上的开发建设活动日益增加,市场主体对临时用地的需求也在急速增长。1998年新修订的《中华人民共和国土地管理法》进一步规范了临时用地管理,如明确临时用地使用期限,最长一般不超过两年;调整临时用地使用费收取标准,允许当事人按照合同自主约定临时使用土地补偿费。

当前,临时用地在保障建设项目施工、地质勘查等方面发挥了积极作用,但地方实践中也出现随意占用耕地、擅自扩大临时用地使用范围、临时用地复垦监管不力等诸多问题。为此,2021年自然资源部印发《自然资源部关于规范临时用地管理的通知》(自然资规〔2021〕2号),核心明确四项重点内容:①界定临时用地使用范围限于建设项目施工、地质勘查。考虑到临时用地具有临时性和可恢复性等特点,明确与建设项目施工、地质勘查等无关的用地,使用后无法恢复到原地类或者复垦达不到可供利用状态的用地,均不得使用临时用地。②明确临时用地原则为"用多少、批多少、占多少、恢复多少"。转变过去"重批轻管"的理念,严格按照需要审批用地规模,尽量不占或者少占耕地,确需占用的必须能够恢复原种植条件。③将临时用地使用期限调整至最长不超过四年。为满足建设周期较长的能源、交通、水利等基础设施建设项目施工需求,适度放宽临时用地使用期限,明确此类项目使用的临时用地最高期限不超过四年。④建立恢复用地与新增临时用地挂钩机制。明确县(市)范围内的临时用地,超期一年以上未完成土地复垦规模达到应复垦规模20%以上的,暂停审批新的临时用地,以此倒逼用地主体及时恢复用地。

未来,临时用地审批将逐步规范化管理,严控用地规模,落实到期收回与用地恢复责任,切实保障城市开发建设和应急设施需求。

国家临时用地相关政策汇总见表2-3。

表2-3 国家临时用地相关政策汇总表

时间	文件名称	主要内容
1986年	《中华人民共和国土地管理法》	明确临时用地适用范围为项目工程施工和地质勘查,使用集体用地的,按该土地前三年平均年产值逐年给予补偿;使用国有建设用地的,给予适当补偿
1998年	《中华人民共和国土地管理法》	明确临时用地使用期限一般不超过两年,按合同约定支付临时使用土地补偿费
2021年	《中华人民共和国土地管理法实施条例》	优化临时用地使用期限,建设周期较长的能源、交通、水利等基础设施建设使用的临时用地,期限不超过四年
2021年	《自然资源部关于规范临时用地管理的通知》	明确按照"用多少、批多少、占多少、恢复多少"原则审批用地,尽量不占或少占耕地

2. 制度特征

临时用地作为一种灵活、便利的用地方式,极大提升了工程建设效率,为我国城市开发和建设提供了重要保障。作为土地管理实践中的创新用地方式,临时用地制度总体呈现出四方面特征:①适用范围狭窄。一般仅适用于建设项目施工、地质勘查等情形;因抢险救灾、疫情防控等急需使用土地的,可先行使用临时用地。②使用期限较短。一般不超过两年,建设周期较长的能源、交通、水利等基础设施建设项目施工使用的临时用地,期限不超过四年。③使用成本相对较低。临时用地使用费仅包含土地补偿费及地上附着物补偿费,一般低于同区域同用途土地使用费。④用途与权属相对稳定。临时用地不改变原有土地用途,使用结束后恢复原用途;同时,临时用地不改变原土地的所有权和使用权,使用农民集体土地的不需要办理征用手续,使用国有土地的也不必办理划拨或有偿使用手续。

(二)储备土地短期利用

储备土地短期利用指土地储备机构将储备土地单独或连同地上建(构)筑物一起,通过出租、临时使用等方式加以利用并获取收益的行为。储备土地短期利用有利于满足短期民生设施用地需求,盘活国有土地资源资产,实现储备土地"经营反哺管养"的经营平衡。

1. 基本情况

2007年,国土资源部、财政部、中国人民银行联合制定发布《土地储备管理办法》(国土资发〔2007〕277号),明确提出在储备土地未供应前,土地储备机构可将储备土地单独或连同地上建(构)筑物一起,通过出租、临时使用等方式加以利用,利用期限一般不超过两年。2018年1月,国土资源部、财政部、中国人民银行和中国银行业监督管理委员会联合印发《土地储备管理办法》(国土资规〔2017〕17号),明确在城市规划区内储备土地临时使用需搭建建(构)筑物的,在报批前应当先经城市规划行政主管部门同意。

相较于其他短期利用方式,储备土地短期利用的供给主动权在土地储备机构,即在不影响土地供应、确保可到期收回的情况下,土地储备机构可开展过渡性利用,搭建临时性建(构)筑物。但目前政策未明确储备土地短期利用的适用范围、地价计收、权利限制等内容,储备土地短期利用亟待进一步规范完善。

2. 制度特征

储备土地短期利用作为一种灵活用地方式,具有以下特点:①使用期限较短。一般不超过两年,且仅允许修建临时性建筑。②空间一体化使用。储备土地短期利用允许将土地及地上建(构)筑物出租或临时使用。③土地收回灵活。考虑到不能影响后续土地供应,土地储备机构在土地收回时间上享有较大的自由决定权。

(三)土地租赁

国有土地租赁是指将国有土地出租给使用者使用,由使用者与县级以上人民政府土地行政主管部门签订一定年期的土地租赁合同,并由使用者支付租金的行为。土地租赁作为出让方式的重要补充,灵活性较强,能有效解决企业一次性支付能力低、划拨用地处置问题等诸多问题。

1. 基本情况

早在土地有偿使用制度建立之前,实际意义上的"土地租赁"行为已经存在,如1979年《中华人民共和国中外合资经营企业法》首次提出向外商投资企业收取场地使用费,其实质是国家向外商投资企业出租土地,并收取租金,可以看作是"土地租赁"的雏形。1990年《中华人民共和国城镇国有土地使用权出让和转让暂行条例》(国务院令第55号)明确规定土地使用权"在使用年限内可以转让、出租、抵押或者用于其他经济活动"。1993年,国家土地管理局、国家体改委发布《关于到境外上市的股份制试点企业土地资产管理若干问题的通知》(〔1993〕国土〔籍〕字第167号),提出国家以租赁方式将土地使用权租赁给股份制企业有偿使用,每年收取相应的租金,这是我国首次明确提出"土地使用权租赁"这一概念,并明确了租金收取的形式为年租制。1998年,国家土地管理局发布《国有企业改革中划拨土地使用权管理暂行规定》,进一步放宽了对承租人抵押、转让权利的限制,明确指出土地租赁权经出租方同意后可以抵押、转让。同年,国务院颁布《中华人民共和国土地管理法实施条例》,第二十九条明确将国有土地租赁规定为国有土地有偿使用的一种方式,这也意味着国有土地租赁终于正式成为土地供应的方式之一。至此,我国国有土地租赁制度基本建立。

1999年,国土资源部颁布《规范国有土地租赁若干意见》(国土资发〔1999〕222号),明确了国有土地的租赁适用范围、租赁期限等内容,具体包括:①明确适用范围。因发生土地转让、场地出租、企业改制和改变土地用途后依法应当有偿使用的,可以实行租赁,但经营性房地产开发用地除外。②明确国有土地租赁方式。可以采用招标、拍卖或者双方协议的方式。③明确国有土地租赁的租金标准应与地价标准相均衡。承租人取得土地使用权时支付相关土地费用的,租金标准按扣除有关费用后的地价余额折算。④明确租赁期限。短期租赁一般不超过5年;长期租赁由租赁合同约定,但不得超过法律规定的同类用途土地最高出让年期。⑤明确租赁权利。可将承租土地使用权转租、转让或抵押,同时必须依法登记。

目前国有土地租赁制度仍在不断完善,如扩大适用范围、完善与其他有偿使用方式的衔接等。2014年9月,《关于推进土地节约集约利用的指导意见》(国土资发〔2014〕119号)明确"实行新增工业用地弹性出让年期制,重点推行工业用地长期租赁"。后续地方政府依据国家产业政策,创新租赁用地达到投资约定条件后再转为出让,或部分用地保持租赁、部分用地转为出让的租让结合供应方式。

国家土地租赁政策汇总见表2-4。

表 2-4　国家土地租赁政策汇总表

时间	文件名称	主要内容
1979 年	《中华人民共和国中外合资经营企业法》	首次提出向外商投资企业收取场地使用费
1990 年	《中华人民共和国城镇国有土地使用权出让和转让暂行条例》	明确土地使用权可以出租
1993 年	《关于到境外上市的股份制试点企业土地资产管理若干问题的通知》	明确提出"土地使用权租赁"概念
1994 年	《股份有限公司土地使用权管理暂行规定》	明确以租赁方式使用的土地不得转让、转租、抵押
1998 年	《国有企业改革中划拨土地使用权管理暂行规定》	允许租赁土地上的房屋等建(构)筑物依法抵押
1998 年	《中华人民共和国土地管理法实施条例》	我国首次以行政法规的形式明确国家可以以出租方式向使用者有偿提供土地
1999 年	《规范国有土地租赁若干意见》	首个系统、全面规范国有土地租赁的政策文件,全面规定国有土地租赁适用范围、租赁方式、地价计收规则、权利限制等
2016 年	《关于扩大国有土地有偿使用范围的意见》	为土地租赁提供了更加灵活的应用方式,如先租后让、租让结合

2. 制度特征

土地租赁作为土地有偿使用制度的重要组成部分,具有以下特点:①适用范围较广。除住房开发项目用地及适用于划拨目录清单的用途外,鼓励采用招标、拍卖或协议的方式供应租赁用地。②使用期限弹性空间大。短期租赁一般不超过五年,长期租赁原则上不超过同类用途最高出让年期;承租使用权期满,承租人可申请续期。③租金计收方式灵活。租金标准与地价标准相均衡,采用短期租赁的,一般按年度或季度支付租金;采用长期租赁的,按合同约定确定租金支付时间及调整方式。④权利限制较少。租赁土地使用权可以转租、转让或抵押,但必须依法登记。⑤到期无偿收回。使用期满的,承租土地使用权由国家依法无偿收回,地上建(构)筑物由承租人拆除,恢复土地原状。

(四) 弹性出让

弹性出让是指根据土地用途、产业发展状况和企业生命周期等,在法定土地使用权出让最高年期范围内,按照差别化年期供应土地的方式。弹性出让在出让年限和出让方式上均具有较强的灵活性,能够适应高成长性企业生产经营发展的用地需求。

1. 基本情况

自 1990 年《中华人民共和国城镇国有土地使用权出让和转让暂行条例》(国务院令第 55 号)明确规定各类型国有土地出让最高年限以来,地方政府普遍以最高出让年期出让工业用地,这种做法不仅为政府一次性提供土地出让收入,还能免除后续一系列管理成本,无疑给地方经济增长、产业发展带来巨大助力。随着社会经济发展,城市建设用地由增量向存量转变、土地利用由粗放向节约集约转变,产业用地出让年限与企业生命周期不匹配、一次性缴纳地价成本高、土地闲置、低效利用等问题日益凸显,在此背景下土地弹性出让方式应运而生。2010年1月,全国国土资源工作会议上首次提出"把握好土地调控的节奏和力度,探索更加灵活的土地供应方式和弹性出让年期制度"。2010年9月,《国务院关于中西部地区承接产业转移的指导意见》提出"探索工业用地弹性出让和年租制度",为弹性出让提供了政策支撑。

此后,我国逐步建立健全涵盖弹性出让的多元化供应体系。自2019年起,自然资源部每年度出台《产业用地政策实施工作指引》,丰富了土地供应方式,并形成"长期租赁、先租后让、租让结合、弹性出让"的供应模式。2022年,自然资源部印发《自然资源部关于完善工业用地供应政策支持实体经济发展的通知》(自然资发〔2022〕201号),明确弹性出让的内涵为整宗土地以低于工业用地法定出让最高年限50年出让的供应方式,价格标底按不低于弹性年期与最高年期的比值进行年期修正,并可以依法转让、出租和抵押。后续各地积极探索优化产业用地供应模式,增加产业用地弹性供应比例,助力产业转型升级。

表 2-5　国家弹性出让政策汇总表

时间	文件名称	主要内容
2014 年	《关于推进土地节约集约利用的指导意见》	实行新增工业用地弹性出让年期制,重点推行工业用地长期租赁
2015 年	《生态文明体制改革总体方案》	改革完善工业用地供应方式,探索实行弹性出让以及长期租赁、先租后让、租让结合供应
2015 年	《关于支持新产业新业态发展促进大众创业万众创新用地的意见》	鼓励以租赁、弹性出让等多种方式向中小企业供应土地
2019	《产业用地政策实施工作指引(2019年版)》	深化弹性年期供应方式,允许地区制定差异化弹性供应规则
2022	《自然资源部关于完善工业用地供应政策支持实体经济发展的通知》	明确弹性年期出让内涵、供应程序、土地使用权权能、地价计收规则等内容

2. 制度特征

弹性出让作为一种土地灵活供应方式,具体有以下特点:①使用年期灵活。弹性出让年期在法定最高出让年期内,如工业用地弹性出让年期可在0~50年之间选择,通常各地广泛采用10年、20年、30年。②供应方式多样。除了传统公开招拍挂之外,各地纷纷探索"带产业项目"挂牌、"标准地+弹性出让"、先租后让等多种供应方式,进一步在供地方案中对用地主体资质、产业项目类型、产出效益等设定准入条件,实现用地发展目标。

（五）政策对比分析

目前，城市发展处于由高速度转向高质量的转型期，城市建设需求更加丰富，产生了灵活多样的土地利用方式，包括临时用地、储备土地短期利用、土地租赁以及土地弹性出让等。各类土地短期利用方式具有使用年限较短、使用成本相对较低、使用和退出机制灵活等共同特征，但在用途范围、权利限制等方面存在较大差异，比如，临时用地适用于建设项目施工、地质勘查等情形，使用到期后须恢复原用途；储备土地短期利用适用于公共设施、停车场等情形，建设内容为临时建筑，不允许转让、出租、抵押等；土地租赁适用于重点产业项目、重点公共服务项目等情形，承租土地使用权可以转租、转让或抵押，土地使用权到期后可以申请延续；土地弹性出让适用对象为工业用地，一般在弹性年期内限制转让。

可见，相较于传统土地供应方式，土地短期利用具有灵活多样的独特优势，可有效解决储备土地价值难显化、已供应土地闲置低效等问题，化解供地周期与用地周期不匹配的矛盾；同时，土地短期利用对用途范围、权利束等设定严格限制条件，以用地安全性换取要素流动性，确保短期利用土地可及时收回、循环利用。

土地短期利用方式对比见表2-6。

表2-6 土地短期利用方式对比表

利用方式		期限	供地方式	用途	权利限制	登记
临时使用	临时用地	≤2年	依申请审批	建设项目施工、地质勘查	不得转让、出租、抵押	不允许登记
	储备土地短期利用	≤2年	招拍挂、协议	一般用于公共设施、停车场等情形	不得转让、出租、抵押	不允许登记
租赁	短期租赁	≤5年	招拍挂、协议	一般适用于短期用地需求，包括社会投资的急需公共服务设施，以及临时展览、短期仓储物流等用途	除租赁合同另有约定外，可将承租土地使用权转租、转让或抵押	必须依法登记
	长期租赁	不超过同类用途土地出让最高年期	招拍挂、协议	除居住以外其他用途		
出让	土地弹性出让	不超过同类用途土地出让最高年期，一般为10~30年	招拍挂、协议	一般为工业用地	除出让合同另有约定外，可将承租土地使用权转租、转让或抵押	必须依法登记

二、土地短期利用制度障碍

在新的发展形势和背景下,我国已制定临时用地、土地储备管理、土地租赁等相关政策,各地也纷纷开展土地短期利用实践。实践发现土地短期利用存在着政策体系不健全、操作规则不明晰、用地审批与规划衔接不畅、监管模式单一等制度障碍,不利于规范土地短期利用市场发展。

(一)现行土地短期利用政策体系不健全

现行土地短期利用政策体系主要包括临时用地、储备土地短期利用、土地租赁、弹性出让等内容,尚未明确已供应土地开展短期利用的政策路径,导致已供应土地短期利用处于"灰色地带",难以满足后城市化时期盘活存量空间的需求。实践操作中,已供应土地短期利用工作主要参照土地用途和容积率调整政策执行,即允许土地使用权人向出让方申请调整土地使用权出让合同规定的土地用途和容积率,但其目的与使用期限不符合土地短期利用的要求,或产生"短期变长期"用途管制失控的风险。由此可见,土地短期利用政策供给与现实需求不匹配,反映出制度供给存在时滞问题。究其成因,构建完善的土地短期利用政策体系或对现有土地政策体系产生一定的冲击,包括增加用途管制难度、降低短期供应用地收入等,因此土地供给方更倾向于通过点状突破的短期供给方式满足市场需求。

(二)土地短期利用操作规则不明晰

国家对土地短期利用适用范围、使用期限、地价计收、产权管理等规则尚无统一规定,造成各地短期利用实践缺乏统一指导,难以满足现实管理需求。适用范围和使用期限方面,长期租赁适用于非划拨目录用途及住房开发用地,使用年期不超过土地出让最高使用年期,这与弹性出让存在一定交叉,造成短期利用政策边界不清晰。地价计收方面,临时用地使用费、储备土地临时利用租金及土地租赁租金等计收规则不统一,未充分体现租金与地价相均衡、租金调整等原则,难以发挥地价对资源要素的配置作用。产权管理方面,国家允许承租土地使用权有条件转租、转让或抵押,但地方往往出于规避风险的考量在政策或协议里设置禁止土地流转、登记等条款,这种产权约束条件无法满足用地企业灵活处理土地的用地需求,或增加企业通过股权变更等不规范方式进行土地流转的风险。

(三)短期用地审批与规划衔接不畅

从规划管理角度看,现行国土空间规划体系是指导空间发展的长期性规划,规划编制过程中往往刚性设定用途及用地指标条件,未将土地短期利用纳入规划体系中,短期利用期间或存在突破规划管控要求的"真空期"。从用地审批的角度看,规划选址、用地预审合一后,需按照规划要求办理土地短期利用的用地手续,而符合长期规划用途的短期利用项目有限,或造成短期利用项目难落地。因此,亟须优化规划编制思路,增加用地的弹性功能用途与留白空间,加强短期用地审批与规划的衔接,解决无序批地、"短期变长期"等诸多问题,实现城市中长期发展目标。

(四)传统监管模式难以满足管理需要

传统土地批后监管主要为卫片执法、巡查执法,监管模式单一、频率较低,难以满足土地短期利用方式灵活、高频、高效的监管需求,或流于形式,衍生出建设手续不完善、擅自转让、随意改变建设功能等问题。以储备土地临时使用为例,部分储备土地临时使用期间多存在管理真空的问题,违停违占、违建加建、到期难收回土地等情况普遍存在,而储备土地管理权与执法权分离,导致储备机构对储备土地临时使用期间违法行为威慑力不够,只能采取劝导、说服等方式进行管理。因此,亟须优化土地短期利用监管模式,采用多主体协同、多手段联合的方式加强监管,引导土地短期利用规范发展。

本章小结

本章系统分析了城市土地使用期限演进过程,从理论基础和现实需求两个维度阐释了土地短期利用产生的必然性,深入剖析了短期利用制度现状及存在的障碍,为加速释放土地要素资源,探索构建土地短期利用制度体系奠定基础,主要结论有三点:

第一,土地短期利用是经济体制改革下土地使用制度变迁的结果,也是优化土地供给侧改革、提升综合利用效益的必然选择。计划经济体制阶段,以行政计划配置土地资源,永续经营假设下企事业单位可无限期无偿使用土地;市场经济体制改革后,将招标、拍卖、挂牌等市场竞争机制引入土地供应制度,用地主体须通过竞争获得有期限国有土地使用权;供给侧结构性改革新时期,为了适应去产能、去库存、降成本、补短板的相关要求,创新提出土地弹性年期使用方式,满足市场经济个性化用地需求。

第二,土地短期利用是土地利用制度的重要组成部分,具有理论与实践创新意义。一方面,从制度演进、城市经营、开发利用、代际平衡等方面丰富和完善了土地短期利用相关理论,深刻阐释了土地短期利用产生的根源,即土地短期利用中存在潜在利润难以内在化的问题,从而诱发政府和市场主体通过短期灵活用地方式,推动时间维度下土地高效集约利用,实现土地可持续利用。另一方面,深入剖析新城区分阶段开发、储备土地短期利用、产业用地弹性供应、公服设施用地过渡性利用、已供应土地短期利用等需求,并结合不同需求场景特点,创新提出租赁、弹性出让、"带短期利用条件"出让等供应方式,加强土地短期内有效供给。

第三,土地短期利用制度基础丰富,但政策体系尚不健全。土地短期利用包括临时用地、储备土地短期利用、土地租赁、土地弹性出让等,其政策具有使用年限较短、使用成本相对较低、使用和退出机制灵活等共同特征。目前土地短期利用政策体系较为分散,缺乏明确的土地短期利用操作规则,且"重批轻管""易用难收"等问题突出,亟须创新构建土地短期利用政策体系,满足灵活用地需要。

相较于传统土地利用方式,土地短期利用可有效解决储备土地价值难显化、已供应土地闲置低效、企业用地门槛高等问题,化解供地周期与用地周期不匹配的矛盾,为城市高质量发展提供土地要素支撑。因此,有必要借鉴国内外先进城市土地短期利用经验,深入探索土地短期利用新方式、管理新方法,进一步促进土地短期利用有序发展。

第三章　国内外城市土地短期利用实践研究

土地短期利用突破了土地空间供给的时间约束,在长期、固定年期出让和租赁的基础上,发挥土地短期利用的灵活优势,是国内外城市提升土地效益、缓解土地资源紧缺与浪费并行困局的重要实践。经过多年探索实践,国内外城市不断从需求侧践行土地供给模式的调整与优化,通过土地空间临时使用、短期租赁、弹性出让等方式,为土地供需结构优化、综合效益提升提供有益经验。

第一节　国内短期利用实践

国内城市土地短期利用实践主要基于公共利益或产业用地发展需要,相关实践最早可追溯至20世纪80年代。伴随城镇化的快速推进,土地临时使用需求增大,土地资源紧缺问题也日益凸显。为提高土地利用的灵活性与效益,国内城市从利用时限、用途、租金计收等方面开展土地短期利用的创新实践,如香港以灵活的短期租约方式对政府闲置土地开展短期利用;东莞以土地1.5级开发的方式活化低效用地,快速提升区域形象;武汉等地通过储备土地的临时利用更好发挥国有土地的经济社会效益;常州、温岭等地以土地弹性出让、先租后让等方式促进土地的灵活使用,提高土地利用效率;苏州以"灰色用地"方式探索土地分阶段开发。

一、香港:土地短期租约

(一)基本情况

香港全境陆地总面积约1 114平方千米,香港特别行政区规划署2020年公开的数据显示,目前香港已开发建设的土地约280平方千米,占比约25%,土地开发强度较低。香港未开发的土地大部分是受到法律保护的生态保育用地,约占香港总土地面积的40%。由于香港地形以山地和丘陵为主,土地开发难度大,很多土地不适用于商业、居住功能,在一定程度上制约了城市的发展。此外,香港特区政府的财政收入严重依赖土地交易和房地产相关税收,土地出让金占财政收入的比重一度超过20%,土地资源的稀缺性非常突出。

为有效盘活闲置政府用地(物业),促进土地精细化、灵活化利用,同时为政府带来一定的财政收入,1997年7月,香港行政会议首次提出了短期租约这一土地利用形式。短期租约年期以7年为限,由地政总署通过公开招标或直接批地的方式,推出暂时没有长远计划或暂时空置的未批租、未拨用的政府土地,以供政府以外的人士、团体申请作短期租用。目前短期租约已经成为一种成熟的土地出租方式在香港广泛使用。

(二)主要做法

1. 短期租约土地的时限

香港土地短期租约时限的确定会统筹考虑土地的长远用途和发展阶段。短期租约的固定租期一般为1年到5年不等,其后定期续租,如有政策依据,则固定租期最长可达7年。在固定租期届满后,相关用地若在之后3年内无须即时用作永久或其他临时用途,则通常会就另一固定租期重新招标(适用于通过招标批出的短期租约),或按月、按季续租(适用于直接批出的短期租约)。

2. 短期租约土地的用途

根据香港地政总署官方公开资料,短期租约的土地主要用于社区、团体或非牟利用途,一般包括工业用途、康乐用途、收费公众停车场、汽车船舶制造修理工厂、货仓储物、苗圃花档以及部分社区用途(可具体包括艺术及文化、青年发展、社会福利、支持少数族裔、动物权益、小区农场等)。短期租约土地的具体功能会在租赁协议中明确,并在招标后进行公示。获批的短期租约的土地用途须无损政府对该用地的长远用途规划。

3. 短期租约土地的申请

香港可开展短期租约的土地一般由香港地政总署通过"地理资讯地图(GeoInfo Map)"网页向公众公开,包括可用于社区、团体或非牟利用途的空置政府用地、空置校舍以及仓库、码头等过剩政府物业。"地理资讯地图"详细收录了短期租约土地的编号、位置、面积、可使用年限、地形、可达性、植物状况、构筑物或其他装置、申请状态等十几项信息,由非政府机构和社会企业申请。有意申请的非政府机构或社会企业可就"地理资讯地图"公布的任何用地,直接向相关的分区地政处查询,并向地政总署提交租用申请。

4. 短期租约土地的管理

香港地政总署辖下的12个分区地政处负责短期租约具体行政工作,包括批出和续订短期租约、监察和执行短期租约条件,以及备存用地记录及资料。完成招标的短期租约土地会通过地政总署的官网进行招标公示,公示内容一般包括批出日期、短期租约编号/地点、面积、租期、用途、中标者名称、投标金额等,例如表3-1所示的香港2023年第二季度短期租约招标记录。土地租出后,香港地政总署每3~5年会进行实地视察,以确定是否有违反租约条件的情况,一旦发现租户违反租约条件,便会按情况采取收回土地等相应的管制行动。租赁协议终止时,香港地政总署负责清拆租户在短期租约用地上搭建的构筑物以便下一次土地开发使用,所产生的费用由租户在双方签订租赁协议时以押金的形式支付。短期租约用地的申请和管理流程详见图3-1。

表3-1 香港2023年第二季度短期租约招标记录

批出日期	短期租约编号/地点	面积/平方米	租期	用途	中标者名称	投标金额/美元
5月4日	香港柴湾连城道	87	先定3年,后按季续租	供雕刻、存放和销售墓碑,以及进行获地政专员批准的相关活动;作苗圃或花档;存放承租人的货物,不包括建筑材料、碎石、废金属、待循环再造的物料、待拆卸的汽车、厌恶性物品;上述用途的任何组合	王建钊	每月租金7 000
4月25日	香港柴湾创富道	2 500	定为5年	经营回收和循环再造或再加工业务,处理在本港产生的都市固体废物	德利环保废纸回收公司	每月租金550 000
4月12日	新界西贡将军澳第137区	4 550	由管有日期起至2029年5月20日	仅作生产混凝土用途	嘉华混凝土有限公司	每月租金3 111 000

(内容来源:香港特别行政区政府地政总署官方网站)

(三)实施成效

截至2019年9月,香港地政总署在管的短期租约共5 582份,土地总面积约2 411公顷,平均每幅短期批租土地面积不足0.5公顷,多为规模不大的边角闲置土地。当前正以短期租约形式利用的土地占可开展短期租约闲置土地的比例为92%,有效推动了香港土地的高效使用,并为政府带来了一定财政收入。根据香港地政总署的官方资料,2018—2019年度,新批出的60幅短期租约土地年租金收入就有约1.6亿元,2018—2019年度香港特区政府从短期租约得到的总租金收入约15.8亿元。除了带来财政收入外,短期租约土地也有很大一部分用于慈善机构、社团组织和社会

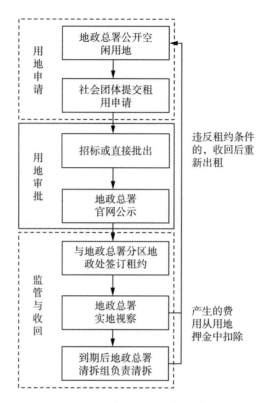

图 3-1　香港短期租约用地申请管理流程

企业开展非营利活动，为市民提供文化、艺术以及社会民生服务。发展局等有关部门可以只收取象征性或优惠租金，以更好支持社群开展公益活动。2019—2021 年，约有 120 幅短租土地收到社会团体的申请，其中 30 多宗获批，用于开展社区服务、导盲犬训练、艺术活动、客家文化推广、动物领养、过渡性房屋建设等项目，利用闲置土地为社区提供了更加贴近居民的公共服务。

（四）经验启示

1. 针对盈利和公益两种类型项目，差异化设置供地方式

香港土地的短期租约设定了公开招标和直接批地两种方式，体现了政府的不同批地意图。公开招标的土地需要意向主体按照十足的市值租金主动申请，用作营利性用途，这种方式旨在完善和优化城市功能、提高土地利用效率、获得一定财政收入；直接批地的方式一般适用于公共事业项目，政府只收取象征性或优惠租金，旨在提升城市公共服务配套、支持社企发展、保护少数群体利益。香港通过公开招标与直接批地结合的方式既满足了市场主体的充分竞争需求，实现了土地的灵活弹性供给，又促进了政府对公共资源的有力调控和合理配置，最大限度利用了城市的闲

置土地。

2. 建立公开的数字化平台,实现精细化管理和高效供需匹配

香港特区政府通过建立"地理资讯地图"数字化平台来实现对短期租约土地的精细化管理,为申请主体提供查询、选择、申请和续期等全流程服务。这种方式搭建了香港土地短期利用的供需匹配平台,既实现了香港特区政府对用地方式的有效引导,也成功促进了短期利用土地资源的精细化管理和高效利用。

3. 闲置土地和建筑均可采用短期租约

香港的土地短期租约除了适用于空置的政府用地外,还拓展到了闲置的政府物业(码头、仓库、水厂房等)和空置校舍。位于佐敦觉士道7号的前贾梅士学校,就被香港话剧团租用后活化改建为推广戏剧艺术的教育中心,有效实现了对闲置建筑的活化利用,进一步提升政府土地、物业资源的利用率。

4. 以押金形式解决土地到期收回清拆问题

在签订土地短期租赁协议时,香港地政总署会向租户征收押金,以支付在租赁协议终止时,清拆租户在短期租约用地上搭建的构筑物的费用,为土地的下一次供给提供有效保障。但如果短期租约批予非营利或慈善团体,则缴付押金可获豁免。

5. 为公益性短期租约项目提供专项资助

为了鼓励非营利的团队、机构积极申请,香港特区政府专门制订一项资助计划,为符合条件的申请对象提供基本工程、顾问咨询等费用补贴以及技术支持。这一举措有力提升了非营利社会团体对短期租约土地的申请热情,更好地发挥了土地价值,加快了公益短期租约项目落地。

二、东莞:土地 1.5 级开发

(一)基本情况

东莞市是华南地区的特大城市,作为制造业重镇,东莞的产业转型升级一直面临着巨大挑战——空间资源紧缺。东莞土地开发强度已高达 46.7%,接近深圳,陷入了用地紧张的局面,过去依靠要素驱动和增量空间拉动经济发展的传统模式已难以为继。部分项目建设时序长、建设进度慢,导致远景规划与近期开发诉求存在一定矛盾。为破解土地利用矛盾,实现产业创新发展和城市形象提升双轮驱动,东莞积极探索新型土地开发模式。2018 年 3 月,东莞市印发《东莞市土地 1.5 级开发操作指引》,明确可对基础设施完备、土地出让较慢、潜在价值较高的地块实施 1.5 级开发,待片区正式启动开发后,政府按约定收回土地,按远景规划实施,并从准入受理、办理程序、合同要求、后续监管等方面规范 1.5 级开发的操作流程。东莞成为国内第一个从政府层面发

布土地1.5级开发操作指引的城市。

（二）主要做法

1. 土地1.5级开发的适用范围

东莞市土地1.5级开发适用范围为东莞市南城国际商务区、东莞市滨海湾新区、TOD(Transit-Oriented Development，以公共交通为导向的发展模式)站点地区以及其他市政府认定区域内的政府储备用地。2019年5月，东莞市发布《东莞市人民政府关于拓展优化城市发展空间 加快推动高质量发展的若干意见》(东府〔2019〕1号)，进一步扩大了土地1.5级开发的范围，提出"适时对符合条件的市、镇街(园区)储备土地和短期内不具备开发建设条件的TOD范围土地推广1.5级开发模式，鼓励市属国有企业或大型龙头企业，结合产业转型与城市升级需求，以租赁方式进行过渡性开发利用"。

2. 土地1.5级开发的建设要求

东莞市土地1.5级开发对租赁条件进行了细化。项目规划类型应符合国家、省、市产业政策和规划，鼓励发展提供高品质服务和优质环境、加快高端产业与高层次人才集聚并提供相关配套服务的项目。项目的准入条件涉及四大领域，其中用地权属方面，租赁土地必须为手续完善的国有建设用地，权属清晰合法、面积准确、无争议；项目类型方面，不得建设居住项目，严禁变相开发商品住宅项目；项目核心指标方面，容积率原则上不得超过1.0，建筑高度不超过24米；项目建筑模式方面，鼓励采用模块化、装配式等建筑模式，原则上不得修建地下室。

3. 租赁期限及土地租金

东莞市土地1.5级开发项目的租赁期限一般为8~15年，最长不得超过20年。土地租金的底价或起始价由市政府会同相关职能部门综合考虑产业发展导向、公益性要求等因素，最终参考专业机构的评估结果集体决策确定，但不得低于经容积率、使用年限修正后的基准地价的70%。

4. 土地1.5级开发的流程

《东莞市土地1.5级开发操作指引》从准入受理、办理程序、合同要求、后续监管等方面规范1.5级开发的操作流程，并且明确了1.5级开发的土地供应方式，包括协议或招拍挂。以鳜鱼洲地块按照拍卖的方式出租为例，具体流程为"土地储备主体申报—市自然资源局拟定出租方案—工作领导小组审议—市政府审定—签订合同—市自然资源局备案—公告"(图3-2)。

5. 土地1.5级开发的控制图则

东莞市土地1.5级开发专门提出了"土地1.5级开发控制图则"的概念，并将此作为开展短期利用规划编制和审批的依据之一。由项目属地镇街凭市政府准入批复和项目申请书，向市规划部门申请编制项目土地1.5级开发控制图则，明确管控内容和

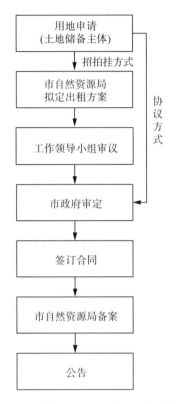

图 3-2　东莞 1.5 级开发用地申请流程

要求。编制土地 1.5 级开发控制图则阶段，项目属地镇街可以凭市政府准入批复和项目申请书，同步向市规划部门申请出具建设用地规划条件，作为项目办理前期报建手续的规划依据。待控制性详细规划按程序完善后，再正式办理《建设用地规划批准书》，建设用地规划条件和《建设用地规划批准书》须注明"土地 1.5 级开发项目"，经市政府批复同意的结构形式要求应纳入建设用地规划条件。

6. 土地 1.5 级开发的退出及监管机制

东莞市土地 1.5 级开发对退出及监管机制进行了明确细化。退出机制方面，明确租赁期限届满，租赁土地由土地储备主体无偿无条件收回，同时明确了土地储备主体无偿无条件收回土地和提前收回租赁土地的情形。后续监管方面，承租人与土地储备主体签订履约监管协议书并明确违约责任，其中，租赁土地严格实行土地用途管制，未经批准不得改变用途，严禁变相开发商品住宅项目。

（三）实施成效

东莞市自出台《东莞市土地 1.5 级开发操作指引》《东莞市人民政府关于拓展优化城市发展空间 加快推动高质量发展的若干意见》以来，政府预控的储备土地得到有效盘活，城市活力得到有效提升。以首个土地1.5级开发试点项目鳙鱼洲活化更新项目为例，其由旧厂房、办公楼和宿舍楼改造为文化创意产业园，从取得租赁权到开园运营用时不到一年，热度不断提升。截至2022年3月，园区已成功签约包括阿里巴巴在内的40余家企业，举办过数场知名设计赛事，已成为东莞极为热门的文化新地标、网红打卡地和文创产业新高地。

（四）经验启示

1. 适用范围宽泛，但严禁变相开发商品住宅

东莞土地1.5级开发模式的适用范围相对宽泛，从市级储备土地（南城国际商务区、滨海湾新区、TOD站点地区以及其他市政府认定区域内的政府储备用地）扩展到镇街（园区）级储备土地，并且将运营主体从市属国企拓展到大型龙头企业，鼓励更多主体结合产业转型与城市升级需求，参与土地过渡性开发利用，对提高项目申请积极性有明显作用。同时，通过合同和监管协议等方式实行严格土地用途管制，未经批准不得改变用途，严禁变相开发商品住宅项目，防止项目房地产化。

2. 创新性提出土地1.5级开发控制图则

东莞市通过1.5级开发对土地进行过渡性利用，创新性提出"土地1.5级开发控制图则"的概念，明确管控内容和要求并将其纳入规划条件，对建设用地以及建设工程提出的引导和控制依据规划进行建设的规定性和指导性意见，为项目后续开发提供了法定依据，加大了政府规划引导的力度，也利于快速产生效益和价值。

三、武汉：储备土地临时利用

（一）基本情况

武汉市是华中地区的特大中心城市，地处江汉平原东部，全境面积达8 494平方千米，城镇建设用地约1 019平方千米，地区生产总值1.77万亿元。在最新的国土空间规划中，武汉市将打造"一主、四副"的城镇空间格局，继续坚持集约高效的土地利用和资源配置方式，进一步优化主城区的城市功能和空间品质，建设繁荣宜业的幸福家园。

为做好城市各项建设的用地保障，武汉高度重视土地收储以及储备土地的管理利用工作。在《土地储备"十四五"专项规划》中，武汉明确"十四五"期间计划收储土地299平方千米，但由于会受供地时序和规模影响，土地收储后将面临一段时间的闲置状态，如按照近三年年均供地45平方千米计算，若"十四五"期间供应土地均为这一时期的收储用地，也将有74平方千米用地处于闲置状态。为解决土地收储后长期闲置产生的土地资源低效浪费问题，2007年和2018年国家印发的两版《土地储备管理办法》对储备土地供应前如何开展临时利用做出了详细规定，明确了储备土地未供应前，可以通过出租、临时使用等方式加以利用并获取一定收益,土地临时利用期限一般不超过2年,不能影响土地供应,也不得修建永久性建筑物。武汉在储备土地临时利用方面走在全国前列,早在2008年武汉便开始探索,并通过"以用代管"的储备土地临时利用方式,节约储备土地管护中投入的人力、物力、财力资源,同时避免了土地闲置,更好地发挥了土地资产价值,是内地城市财政资金不足情况下合理利用土地资源的有益探索。

（二）主要做法

1. 储备土地临时利用的适用范围

国家《土地储备管理办法》以及各地相关政策文件对储备土地的具体用途均未做出明确规定。从实践情况看,武汉市储备土地临时利用兼顾短期经营与供地需要,一般以临时停车场、施工堆场、驾校、材料堆场等用途为主[①],且不能建设永久性建（构）筑物。

2. 储备土地临时利用的租金标准

武汉市储备土地临时利用的租金采用市场评估值与标准租金相结合的方式确定,通常取用较高值。标准租金主要参照《武汉市市区储备土地临时利用租金标准（试行）》进行确定,通常根据市场变化和基准地价更新情况进行适时调整；评估租金主要适用于储备土地及地上建（构）筑物一并临时利用或同一地块在相同时间段有两个及以上意向申请人的情况,以这种方法来确定租金价格更能体现土地资产的价值[①]。

3. 储备土地临时利用的工作流程

武汉市储备土地的临时利用形成了"申请—审核—签订—缴费—巡查—腾退"的完整工作流程。首先由申请人向储备土地管理机构进行书面申请,提出对土地使用面积、期限、用途等的需求；其次,储备土地管理机构与临时利用申请人确定使用土地的面积、期限、用途、价格等基本要求和双方权利、义务,并签订《储备土地临时利用合同》；再次,申请人缴纳租金及保证金后便可进场使用；然后,土地的使用过程中,储备土地管理机构会进行日常检查,采取扣除履约保证金或终止合同等方法处理违约行为；最后,合同期满的土地将被收回,开启新一轮的临时利用或者作为一般储备土地开展其他建设活动（图3-3）。

4. 储备土地临时利用的期限

武汉市储备土地临时利用期限一般不超过2年,期间不允许转包。对于不在供地计划内或不影响土地供应的,原使用人可再次申请使用,储备土地管理机构对符合条件的申请将重新办理使用手续。

---

① 王露,刘彩霞.武汉市储备土地临时利用分析及对策[J].商业经济,2018(4):42-43,66.

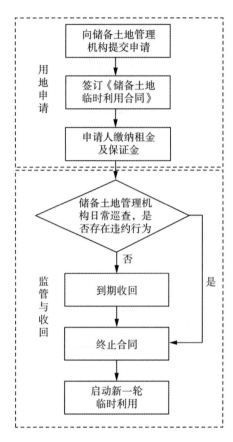

图 3-3 武汉储备土地临时利用流程

（三）实施成效

武汉市的储备土地临时利用可以有效避免土地闲置，增加国有资产收益。同时，以用代管的利用方式，也降低了土地管护成本，改善了土地的环境卫生条件。2015 年至 2017 年期间，武汉市级储备土地管理年均储备土地临时利用收入总额约 600 万元，每亩储备土地临时利用产生的财政收入约 2 万元。此外，在储备土地上建设公益性临时停车场、市政道路工程堆场等做法也有效破解了城市快速发展过程中公共基础设施配套建设不充分以及临时性工程建设堆场不足等问题。

（四）经验启示

1. 建立租金标准，设置租金调整机制

参照基准地价、国有建设用地租赁等相关规定及临时利用的土地用途，合理确定租金计收标准，统一指导储备土地临时利用相关费用收取。同时，为更好发挥土地价值，政府部门注重对租金标准的动态评估与调整，采取"一地、一时、一评"或"分区分级"等方式定期调整，以确保租金标准的客观公正和国有资产保值增值。

2. 建立以合同为核心、履约保证金为手段的管理方式

武汉市对储备土地的临时利用建立了一套相对完备的管理方式,有效保障了土地的临时使用不影响其长远的开发建设。在《储备土地临时利用合同》中就明确约定临时利用期间使用要求、履约保证金及其缴纳方式、退出机制等权利和义务,并通过日常检查、定期巡查、诚信记录等多种方式跟踪使用人履行合同情况。对违反合同约定且限期不整改的行为,将记录在储备土地临时利用诚信档案中,并禁止该使用人再参与储备土地临时利用。

四、常州:土地弹性年期出让

(一)基本情况

常州市是苏南地区起步较早的工业城市,是近代工业的发源地,制造业企业众多,机械、纺织、化工、冶金和电子等产业是其主要的支柱工业产业。改革开放以来,常州经济一直呈高速增长趋势,工业用地急速扩张,用地需求急剧增加,进入经济增长方式与产业结构转型升级的重要阶段,但工业用地出让年限不够科学的问题一定程度上制约了土地的高效利用和产业结构的优化升级。

长期以来,我国工业用地一直实行一次性50年出让模式,过长的出让年限,给土地利用增添了很多不确定性。一是一次性收取50年土地使用权年限的出让金要求的资金实力过硬、用地成本过硬,不利于企业的长远发展。二是容易导致工业用地低效利用、闲置不用或自行转让。以纺织服装行业为例,大型、中型、小型和微型企业平均生命周期为15年、10年、8.9年、6.5年;电气机械、化工等行业的企业平均生命周期最长也在30年左右,均远低于工业用地法定出让年限50年的国家规定,一旦产业转型升级或结构调整造成企业关停,极易造成土地的低效利用和闲置。三是工业用地退出机制不健全,50年的土地出让时限制约了政府在干预土地利用、提高工业用地利用效率方面的积极作为。

2014年9月,国土资源部印发《关于推进土地节约集约利用的指导意见》(国土资发〔2014〕119号),提出"实行新增工业用地弹性出让年期制,重点推行工业用地长期租赁"。2015年2月,常州市委、市政府下发《关于深入推进节约集约用地的意见》,对常州市节约集约用地工作的各项任务作出了全面部署,确定"1+6"的改革试点工作,探索土地节约集约利用新模式,明确指出钟楼区要开展工业用地出让方式改革试点。2015年10月,《常州市钟楼区工业用地供应制度改革试行工作方案》正式启动,试点采用"弹性出让"土地供应方式,增加土地出让方式的灵活性,适当降低企业用地成本,加快工业用地流转速度,提高土地利用效率、产出效益和节约集约利用水平。

(二) 主要做法

1. 土地弹性年期出让的方式

常州按照分类分级方式对工业用地出让年限进行限制,将产业类型和销售额作为确定出让年限的主要因素。钟楼区内涉及设备、电子、通信、计算机、电气、化学纤维、纺织、医药等制造业及其他类型产业的工业用地,且销售总额超过3亿元的,出让年限可按最高不超过50年确定;销售总额超过3 000万元低于3亿元的,出让年限可按最高不超过30年确定;销售总额低于3 000万元的,原则上不再出让土地,引导企业租赁、购买多层标准厂房。

2. 土地弹性年期出让的价格

常州市工业用地弹性年期出让的出让金根据《江苏省工业用地出让最低价标准》确定,对低于法定最高出让年期出让的工业用地,或采取租赁方式供应工业用地的,可按照国家土地估价规范规定进行年期修正,还原利率不得低于同期中国人民银行公布的人民币五年期存款利率。确定的出让价格和年租金按照还原利率修正到法定最高出让年期的价格,不得低于工业用地出让最低价标准。

3. 土地弹性年期出让的退出机制

常州市不断完善土地退出机制,一方面,强化了供地合同管理,在土地出让合同或租赁合同中增加有实际操作性的限制性条款;另一方面,对企业投入产出效益、市场需求、产品发展前景等进行动态综合评估,对于一些专靠土地增值发财、不在生产上下功夫的企业,明确规定土地使用权年期届满不再延期,年期未满的,由政府依法依规收回土地。

此外,从当前实践来看,深圳、北京、上海、广州、河南、湖南、东莞等地也相继试点了工业用地"弹性年期出让",各地均根据产业类型,结合产业发展状况和产业生命周期等因素制定了差别化的土地使用权出让年期政策(表3-2)。

表3-2 我国多地工业用地"弹性年期出让"情况对比表

地区	政策文件	产业类型	年限	地价	续期/退出
深圳	《深圳市人民政府关于印发工业及其他产业用地供应管理办法(试行)的通知》	一般产业	20	根据建筑类型、年期、产业项目类型等因素进行精细化系数修正	期限届满前6个月提出申请
		重点产业	30		
北京	《北京市人民政府关于加快科技创新构建高精尖经济结构用地政策的意见(试行)》	一般产业项目类	20	年期系数	期限届满前一年申请,符合规划要求的,重新办理供地手续即可。提前退出,返还剩余价款
		国家、市重大产业项目	50		

续表

地区	政策文件	产业类型	年限	地价	续期/退出
上海	《上海市人民政府办公厅转发市规划国土资源局制订的〈关于加强本市工业用地出让管理的若干规定(试行)〉的通知》	工业用地产业项目类	20	不得低于相同地段的工业用地基准地价	考评达标可采用协议出让方式续期。"主动退出"按约定返还剩余年期价款,"强制退出"无偿收回
		工业用地标准厂房类	50		
		研发总部产业项目类		不得低于相同地段的工业用地基准地价的150%	
		研发总部通用类		不得低于相同地段的工业用地基准地价的70%	
广州	《广州市人民政府关于修订广州市工业用地使用权先租赁后出让和弹性年期出让实施办法的通知》	一般工业用地	20	年期比值	届满前三个月内可申请。不符合合同要求的,政府有权按合同要求提前收回用地
		国家、省重大产业项目	50		
河南	《河南省人民政府办公厅关于印发河南省工业用地弹性出让实施办法(试行)的通知》	一般产业	20	最低价标准制度:按工业用地法定最高出让年期50年对应的最低价进行修正(新/优势产业可按最低价70%计算)	—
		国家、省重大产业项目,战略性新兴产业	50		
湖南	《湖南省自然资源厅关于推进工业用地弹性供应有关问题的通知》	一般产业	20	按工业用地法定最高年期出让底价进行修正(固定系数)	期限届满前1年提出,考核通过后重新签订合同(考核未通过设置1年整改期)。自愿退出/不可抗力因素退出
		国家、省重大产业项目,战略性新兴产业	50		
东莞	《东莞松山湖产业用地弹性年期出让实施暂行细则》	一般产业项目	20	—	—
		市招商引资重特大项目	50	—	—

(三)实施成效

自2015年《常州市钟楼区工业用地供应制度改革试行工作方案》正式启动以来,常州土地弹性出让工作取得突破性进展。一方面,有效降低企业前期用地成本。相较于政策实施前,企业前期土地成本平均下降12%左右,例如常州工业集中区的一宗工业地块以30年期出让方式予以供应,地块出让金评估价格为426元/米^2,一次性收取,相比同区域最高50年期出让,前期土地成本下降11.2%,降幅显著。另一方面,通过对产业类型及其销售额的约束,吸引优质企业以及大数据、计算机等新兴产业项目入驻,孵化新型产业基地,有力促进了区域经济转型升级,也进一步盘活了土地资源,提升了区域土地资源利用价值。

（四）经验启示

1. 结合产业类型、产值设置差异化的出让年期标准

土地弹性出让年期标准的设置涉及对企业生命周期规律的科学考量，不同行业、不同地区、不同规模的企业的生命周期往往存在较大差异。常州"土地弹性年期出让"模式更好地适应市场需求，科学匹配不同类型企业生命周期，结合企业本身性质、规模、生产能力、产值等因素，对出让年期进行了差别化的制度设计，精准、科学地降低了不同类型用地企业的土地使用成本，确保"优质企业留得住，新兴产业进得来"。

2. 建立相对完善的企业用地退出机制

常州市"土地弹性年期出让"在供地合同中增加限制性条款，明确销售额、产业类型等相关内容，同时根据《产出监管协议》对项目开发建设情况开展动态综合评估，未达到约定条件的，由镇、开发区根据《产出监管协议》追究承租人的违约责任，停止承租人享受的相关优惠政策。这一做法进一步增强了政府土地管理的主动性和灵活性，引导拿地企业健康有序发展，有效规避了专靠土地增值获利的企业的出现，避免了国有资产的浪费和流失。

五、温岭：土地先租后让

（一）基本情况

温岭市地处浙江东南沿海，民营经济发达，是浙东南工业重镇，正面临工业用地紧缺的发展瓶颈。一方面，日益高涨的地价导致企业用地成本不断增加，直接影响温岭市招商引资工作的开展，不利于战略性新兴产业培育及实体经济发展；另一方面，囤地炒地、高价出租、私下转让等行为，导致优质企业用地、拿地难度加大，大大降低了土地利用效能。

近年来，温岭市深化"亩均论英雄"改革，全面落实"妈妈式"服务，打造三十条最优营商环境措施。2018年初，温岭市借势全域土地综合整治行动，结合"标准地"管理模式创新，积极探索推广工业用地"先租后让"[①]。温岭市箬横镇帽业园区3幅地块总计38.34亩（总价4 410万元），在浙江省土地使用权网上交易系统成功挂牌出让，温岭市成为浙江省率先通过"先租后让"方式出让国有建设用地使用权的地区之一。2018年底，温岭市出台《关于工业用地先租后让促进土地节约集约利用的实施意见》，明确了"先租后让"的基本思路、部门职责、适用范围及主要的工作程序，有力指导"先租后让"

---

① 即由土地使用者与国土部门签订租赁合同，再与所在镇（街）、管委会等签订投资开发协议，以租赁的方式把工业用地资源给优质企业或增资扩产企业，以租赁期为限设定目标企业拿地考核条件，在租赁期内达到约定的固定资产投资强度、建设容积率、亩均产出、亩均税收等投入产出条件，缴清土地出让价款后，最终以出让方式提供给土地使用者（图3-4）。

相关工作的开展,有效打击了企业围而不建、私下转让等行为,避免了因盲目批地浪费土地资源。

(二)主要做法

1. 土地先租后让的项目准入条件

温岭市箬横镇帽业园区地块在挂牌竞拍时,设置了竞标"门槛",引进企业需符合节能降耗、环境保护、消防安全和各类强制性指标要求,同时,对引进的工业项目在产业类型、投入产出、生产技术、控制指标、资源消耗等方面设置严格的准入条件。除生产技术要求和行业类别有一定限制外,相关指标也设有"及格线",如企业投产后需连续3年每亩土地产出不低于500万元、每亩土地税收不低于40万元。租赁期满无法实现准入条件的企业将被直接淘汰。

2. 土地先租后让的供应年期和约束条件

温岭工业用地出让分为租赁和出让两个阶段,租让总年限为50年,其中租赁最高年限为6年,出让最高年限为44年。租赁期间,企业只需缴纳相应租金,租赁期内土地使用者不得擅自改变用途、不得转租和转让,租赁期内涉及抵押的,要在出让文件及租赁合同中明确规定。待租赁期满,企业在技术、投产等方面逐渐稳定后,再补齐后期出让金。

3. 土地先租后让的分阶段计收费用

温岭土地"先租后让"租赁期间的年租金按总成交价除以总年限的平均值计缴,租赁期间的租金在租赁成交后一次性缴纳。租赁期满后,符合合同约定出让条件的受让人与自然资源部门签订国有建设用地使用权出让合同,出让金按总成交价扣除租金后的金额计缴。

4. 土地先租后让的到期评估及分类处置方式

温岭土地"先租后让"规定,在土地租赁期内项目竣工投产且达到合同约定投资开发要求的,允许在租赁期满前3个月,由土地使用者向自然资源部门申请办理土地出让手续。未达到投资开发协议要求的,允许续租一次,续租期限最长不得超过1年。租赁期满未续租或续租期满,且土地使用人未达到建设、投资、税收等相关投资开发要求的,政府无偿收回土地使用权。如果企业经营不善,还可以提前申请终止租期,实现及时止损。对于宗地范围内的建(构)筑物,经认定质量合格并可重复利用的,按备案建安成本价的8折予以补偿;质量不合格或质量合格不可重新利用的,不予补偿。

(三)实施成效

温岭市土地"先租后让"以"低门槛+硬约束"为抓手,契合企业发展经营规律,在用地空间紧约束背景下,创新土地出让模式,通过"前期租赁、后期出让"的方式,适度放宽目标企业准入门槛,降低企业前期用地成本,并以"短期租赁+目标考核"的方式

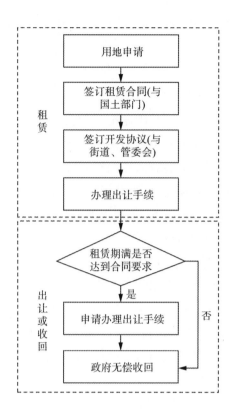

图 3-4 温岭土地先租后让流程示意图

筛选优质企业,进一步提高单位产业用地产出效益,推动土地资源要素由低质低效领域向优质高效领域集中。

（四）经验启示

1. 设立门槛助力精准招商

温岭"先租后让"模式提高了政府在土地出让过程中的主动权,通过设定一定的租赁年限和准入标准,筛选和留存了优质项目,提高了政府招商的精准度,增加长期财政收入。

2. 推动土地节约集约利用

温岭土地利用坚持节约集约理念,通过在租让环节设置严格的准入条件、开展综合评估,进一步完善工业用地市场化配置制度,有效破解了低质低效项目过多的问题,提高了土地资源配置效率,确保让"好土地"匹配优质项目。同时,明确"未达标收回土地"等相关要求,有效解决了囤地炒地、无序转让、私自改变用途、高价出租等问题,使资源配置效率不断提高。

3. 助力优质企业发展

温岭"先租后让"模式能够减轻用地成本对成长型企业的束缚,在激励实体企业做好经营的同时,破解了部分企业"投机囤地"的问题。"先租"对应的租金远小于直接出让时所需支付的土地价款,减少了企业前期用地成本支出,减轻了企业运行资金压力,确保真正做实业的企业能够拿到土地,促进优质企业留驻本土发展,激励企业增强自身实力。

六、苏州:灰色用地

(一)基本情况

苏州工业园区位于苏州市城东,是1994年2月经国务院批准设立的经济技术开发区,被誉为"中国改革开放的重要窗口"和"国际合作的成功范例"。苏州工业园区占地278平方千米,在1994年至2004年间,共分为三个建设阶段,随后又开展了若干轮的转型升级。我国灰色用地理念的最早实践就是2007年苏州工业园区的分区规划。

灰色用地往往是由于城市社会的高速发展,土地的规划功能可能与周边环境不协调、不适应,进而导致用地闲置、低效利用或者需要被动调整规划造成资源浪费,为避免这种现象发生而诞生的一种分阶段的土地利用方式。灰色用地的出现往往基于城市某些地区外部环境不够成熟和未来发展的不确定性等因素,无法按照城市总体规划将土地功能一步落实到位,故先赋予其将来易置换的用地功能,待时机成熟,再将其转换成其他用地性质[①]。苏州工业园区分区规划中对灰色用地的定义只限于"退二进三[②]"的工业用地。

(二)主要做法

1. 灰色用地的选址

适宜灰色用地的区域和地段一般具有用地性质不确定的特征,通常包括以下三类区域:一是城市的中心地区,这类区域通常承载大量的城市活动,是城市开发和资本的热点区域,具有较强不确定性,在中心区安排灰色用地主要是为了增加土地的开发灵活性,有利于土地增值;二是启动建设的新城区,这类区域处于起步阶段,城市功能与未来产业导向还存在一定不确定性,一步到位的蓝图式规划难以实现,灰色用地能够激励新区启动阶段的投资开发,缓解政府基础设施投资压力,增强规划的可操作性;三是交通区位条件优势区,一般包括大型交通枢纽站点、交通干线周边的用地,其在规划阶段用地性质通常难以确定,需要有更大灵活性以适应交通设施调整或土地快速增值的变化。

---

① 许维,杨忠伟,王震.城市"灰色用地"规划的应用性研究[J].上海城市规划,2012(1):95-100.
② 退二进三是指20世纪90年代为加快经济结构调整,鼓励一些产品没有市场或者濒于破产的中小型国有企业从第二产业中退出来,从事第三产业的一种做法。

2. 灰色用地的土地使用年限

为了促进土地资源的市场配置和政府宏观调控，灰色用地在土地使用年限上通常更具灵活性，苏州工业园区分区规划中灰色用地年限为15～20年，远远短于法定的工业用地50年的规划年限。近年来，苏州工业园区又提出产业用地"10＋N"的出让模式，可以视为灰色用地规划的一种创新探索。这种模式将"10年"作为企业首期土地使用年限，将续期"N"作为后续的一种激励性政策，既加强了政府对土地的监管，提升了土地利用效率，同时也降低了企业的初期投入成本，缓解了创新企业的投资压力。

3. 灰色用地的规划土地性质调整

苏州工业园区分区规划对灰色用地进行了两次规划。首次规划是以原有工业用地的类型为基础，在不改变地块主要的用地性质的前提下，对现有土地进行规整，在空间布局、用地功能、道路系统、配套设施等方面进行优化，增设了配套的居住用地、商业用地、绿地和基础设施用地；第二次规划主要是存量土地的开发，在第一次规划的基础上进行功能置换，将弹性发展的工业用地转变成以第三产业为主的用地，进一步优化城市产业结构、提升产业附加值。苏州工业园区跨塘地块的第二次规划尽量保留了原来的建筑风貌和空间感，将工业建筑改造为办公、商业和餐饮等功能，有效减少了投资成本。

（三）实施成效

苏州工业园区跨塘地块通过灰色用地的方式开展两次土地规划，既解决了跨塘片区现状总体功能单一、品质不佳、配套不足的问题，也使土地的功能更好地适应不同阶段的城市发展需求，进而产生最大的经济效益，为土地的灵活使用提供有益探索。此外，苏州工业园区首宗产业用地"10＋N"出让模式也于2020年正式落地，这种方式降低了创新型企业在前期的建设投入资金压力，更适应创新型产业的发展需求，也增加了工业（研发）用地出让的灵活性。该项工作目前已被列入苏州工业园区"自由贸易试验区"改革创新任务"61＋N"清单，并在园区"社会主义现代化建设"试点实施方案中被列为省级"赋能清单"的重要内容。

（四）经验启示

1. 土地功能的弹性调整契合城市不同发展阶段需要

灰色用地的规划建设是分多阶段进行的，可根据建设用地的发展需求及政策导向的不同进行灵活调整。这种土地利用方式不再是"一锤定音"的出让，既缩短了首次土地出让的年限，提升土地的利用效率，又可以灵活应对城市发展过程中的各种不确定因素，使土地的功能更好契合城市的发展阶段。

2. "双合同"模式更好约束和激励企业发展

苏州工业园区的"10+N"出让模式通过"期中考"的形式对产业用地进行分阶段评估,以确定其后续的土地使用权和使用年限。这种方式不仅增强了土地出让弹性,促进土地的高效灵活使用,也有利于激发企业的积极性,更好地完成政府的履约考核要求。

3. 针对"特定地区"和"特定产业"领域

灰色用地的开发模式重点针对城市发展过程中的诸多不确定因素,政府在选择采用灰色用地的规划手段时,既要考虑城市功能转变带来的不确定性,又要考虑产业发展需求等不确定性情况,比如轨道站点周边地区的交通可达性改变,或者生物医药等某些新兴产业未来发展存在的不确定性等。灰色用地的规划可以结合不同空间或产业上的需求,在更大的适用范围内灵活选择、大胆尝试。

第二节 国外短期利用实践

相较于国内城市,国外城市土地短期利用实践多聚焦于土地利用效益提升、空间灵活使用等方面。亚洲国家如新加坡、日本,由于国土面积相对较小,城市发展尤其重视土地的集约高效利用,在工业用地灵活供给、土地过渡性使用等方面有诸多创新实践。欧洲国家土地多为私有制,在经历了去工业化、逆城市化等发展历程后,大面积土地闲置问题逐步显现,以德国为代表的欧洲国家以"社会自组织+政府干预"等方式加强对短期用地空间的探索与利用,兼顾多元主体对城市土地、空间的多样化需求,更好应对经济社会发展与市场、民众用地空间需求的变化。

一、新加坡:产业用地高效开发与管理

(一)基本情况

新加坡被誉为亚洲四小龙之一,是东南亚人均GDP最高的国家。在2022年瑞士洛桑国际管理发展学院发布的《2022年世界竞争力年报》中,新加坡世界竞争力位列第三,紧随丹麦、瑞士之后。受国土面积狭小限制,新加坡发展一直面临土地资源稀缺、空间拓展受限等难题。新加坡政府也不断从空间、时间等维度积极探索土地集约高效利用之路,从制度、规划、管理等层面创新土地利用方式,以更加弹性灵活的方式增加土地空间供给,保障社会经济稳定、健康发展。

新加坡从一个殖民贸易港发展成令世人瞩目的、具有骄人成就的现代化国家,产业用地空间保障在其中发挥了重要作用,其中不得不提的便是裕廊工业区。作为新加坡现代工业化的发源地,裕廊工业区用不到全国十分之一的国土面积,贡献了新加坡2/3以上的工业总产值,超过20%的GDP,雇佣了全国1/3以上的劳动力,为新加坡从一个殖民贸易港发展成世人瞩目的现代工业国和发达经济体创下了不可磨灭的功绩。从20世纪60年代的综合工业区到80年代的科学园、物流园,再到90年代的商务园、生物园、芯片园,以及2000年后的科技城、数码园、创新园等,裕廊工业区产业的持续转型升级为新加坡产业发展提供了持续动力。

(二)主要做法

1. 土地出让的方式及年期

新加坡实行土地"二次出让"[①]模式,出让期限根据土地用途确定,一般产业用地30~50年,住宅用地、公用设施用地可以长达99年。出让价格由财政部土地估价师根据市场价格确定,每6个月公布出让土地计划及价格变化。出让期满后,法定机构根据土地利用的需要选择收回土地或继续出让。

2. 产业空间的租赁方式及年期

新加坡产业用地空间供给主要依托国有土地,具体为国有土地租赁和厂房租赁两种方式,其中,土地租赁期一般是30年,期满后符合条件的企业可再续租30年;厂房租赁期限根据租赁企业情况而定,最长60年。用于租赁的厂房主要为裕廊镇管理局开发的单层或多层标准厂房,租赁期满后厂房需无偿交还给裕廊镇管理局。土地和厂房租赁期间,租金可根据情况每隔几年灵活调整。这种灵活的供地方式,为产业升级留下了发展空间,并在很大程度上避免了土地的闲置。

3. 差异化的土地租金和税收制度

新加坡实行差异化租金调整机制,对鼓励类产业项目收取较低的租金,对限制类产业项目收取较高的租金,通过调高租金、到期不再续租等手段,引导产业升级转型。新加坡征收不同税率的地产税,一般地产税率为市场估价的10%,居民住宅税率为市场估价的4%。另外,针对经书许可改变土地用途或提高开发强度的土地专门征收开发费,即对土地增值部分征收70%的开发费,将土地增值的大部分收归政府,限制企业随意改变土地用途或提高开发强度。

---

① "二次出让"是指获得土地使用权的法定机构,代表政府向企业、社团和私人出让土地,出让方式包括出售(10年以上)和租赁(10年以内),出让价格由财政部土地估价师根据市场价格确定,每6个月公布出让土地计划及价格变化;出让期限根据不同土地用途而不同,一般产业用地30~50年,住宅用地、公用设施用地可以长达99年。出让期满后,法定机构根据土地利用的需要选择收回土地或继续出让。土地管理局同样也可以选择从法定机构收回土地或继续出让,确保国家对土地用途和土地利用效益的调控。

4. 土地的效益评估与考核

新加坡高度重视土地利用的过程管理,建立"源头把关+用途管制+绩效评估+低效退出"全链条管理机制,有力地提高了产业用地的节约集约利用水平。一是建立了一套严格的审核制度和标准,以企业与园区规划的契合度、与其他企业的关联度为企业入驻的重要考核要点,避免企业过于同质化和过度竞争,推动产业健康发展,提高土地产出效益。二是加强土地利用绩效评估,每3年对入驻工业园区的企业进行一次全面评估考核,结合企业入园承诺指标,综合评价土地容积率、投资、增加值、企业运营业绩,多维度、全面评估企业运营成效。三是建立企业淘汰机制,对企业实行合同管理,合同中约定企业考核要求,根据土地利用绩效评估情况,将达不到要求的企业清退出园区。

5. 土地的规划与调整

新加坡政府高度重视用地规划,在保障产业发展的同时兼顾环境保护和产城融合发展。裕廊工业园在规划方案中提前预留10%的用地用于建设公园和风景区,打造产城园一体的"花园工业镇"。根据地理环境的不同,将靠近市区的东北部划为新兴工业和无污染工业区,重点发展电子、电器及技术密集型产业;将沿海的西南部划为港口和重工业区;将中部地区划为轻工业和一般工业区;在沿裕廊河两岸则规划住宅区和各种生活设施。此外,为充分发挥裕廊工业区的综合功能,新加坡政府于1969年9月在裕廊码头内设立自由贸易区,使裕廊工业区既是工业生产基地,同时也是转口贸易的活动场所。在合理规划引导下,裕廊工业园持续高效运转,为新加坡产业发展提供了坚实的基础和有力的保障。

(三)实施成效

裕廊工业区的发展壮大是新加坡土地高效利用的最佳实践。1968年6月1日裕廊镇管理局设立,全面统筹裕廊工业区的经营管理工作,并接管了新加坡所有工业地区的规划、建设、租赁和管理工作。裕廊镇管理局具有很高的自主权,是政府投资和规划的法定机构,其一站式服务和集中审批制度,大大缩短了供地周期。此外,只要符合新加坡政府的工业政策,裕廊镇管理局就有权批准城市规划、园区规划以及各类项目,能发放居民暂住证、管理贸易和市场、征税、发放商业许可证等,它不仅是园区的开发者,也是工业区招商引资的推广者。同时,裕廊镇管理局还提供海关、社会保障、教育、计划生育、全民体育运动以及社区发展、劳工等多项公共服务,既能满足土地开发的市场化需求,又能够协调政府机关,保障公共效益的实现。裕廊工业区的制度在一定程度上确保了规模经济的实现,为企业提供了较好的经济发展空间,降低了租金成本,缩减了公共设施的支出费用。

（四）经验启示

1. 规范土地出让行为，减少地方政府土地财政依赖

当前，我国针对不同用途的土地实行不同的出让方式、期限和价格，但由于土地出让由地方各级政府土地管理部门具体操作，土地出让的程序、流程和价格差别较大。一方面，发达地区城市土地出让金快速增加，成为地方财政收入重要来源；另一方面，欠发达地区城市为了招商引资实行零地价，引发恶性竞争。新加坡土地出让金不能被政府部门和法定机构直接支配使用，必须作为政府储备资金交纳到国库，政府储备资金须经总理和总统两人共同签署方可使用，这一做法充分体现了市场配置的决定性作用和政府的引导调控意图，逐步将土地出让金收归中央财政预算管理，将有助于加强政府对不同发展水平城市土地出让的调剂，降低地方政府"卖地生财"的冲动。

2. 建立差异化税费征收体系，严格控制土地用途和开发强度

我国目前设有耕地占用税、城镇土地使用税、土地增值税、新增建设用地有偿使用费等各类税费，总体上看，存在税率偏低、征管不严、使用不合理等问题，没有很好地发挥税费对土地开发利用的引导调控作用。新加坡差异税率的地产税能在一定程度上限制用地功能调整，同时增加政府土地增值收益共享。因此，建议对于土地出让后经过严格程序同意改变土地用途或提高开发强度的土地征收高税率的"特殊土地增值税"，根据不同地区和不同时期对"特殊土地增值税"进行差异化管理和灵活调整，限制土地出让后企业随意改变土地用途和提高开发强度。

3. 建立土地信息公开和动态调整体系

新加坡保持土地信息公开和动态调整，将土地用途、开发强度、售地计划、租赁金额、开发费等基本信息全部对外公开发布，方便国内外投资者查询获取相关资料。除了土地利用规划保持相对稳定、每5年进行调整外，售地计划、土地价格、土地租金、开发费等信息每6个月进行调整，及时反映国内外经济形势和土地供求变化趋势。特别是二十世纪七八十年代出让的土地相继到期，新加坡土地管理局、市区重建局、建屋发展局、裕廊镇管理局等法定机构各自调整新一轮土地出让的用途、强度和价格标准，引导城市空间优化和产业转型升级。

二、德国：闲置空间临时使用

（一）基本情况

德国是欧盟人口最多和世界上城镇化率较高的国家之一，作为欧洲四大经济体和欧盟创始会员国之一，德国经济产业高度发达，社会保障制度完善。自20世纪70年代起，在全球化、逆城市化、去工业化等进程的演替发展下，受产业结构调整、环境污染、人口流动等因素影响,德国部分地区城市空置用地激增、地价明显降低,出现了严重的城市功能萎缩现象,同时衰败空间增多为犯罪活动滋生提供了空间场所,引发新的社会问题。在此背景下,城市居民自发、临时使用工业用地和城区闲置土地的现象频发,车站、码头、工业厂区等区域成为土地大面积闲置的主要空间类型。90年代初,德国政府开始针对各类开放空间开展城市整治工作,其中空间临时使用成为针对城市用地空间萎缩的重点策略受到广泛关注,在城市政府主动引导下,空间临时使用不断规范,从曾经边缘、地下状态转化成城市可持续更新的关键推动力和重要创新战略。与此同时,德国民间力量也开始自发探索闲置空间的临时使用,城市管理者也逐渐意识到这些以低成本方式展开的城市土地空间的非正式使用,能一定程度催生出新的城市需求,在塑造城市品牌、激发城市活力、促进新兴产业发展等方面发挥着重要作用。

（二）主要做法

1. 闲置土地利用的主体

德国的闲置土地利用主体包括艺术家、文创工作者及民间社团。1990年后,由于历史问题和城市产业结构调整等原因,柏林市内空置地块大幅增加,大量空置土地、房屋和低廉的生活成本吸引了许多年轻艺术家和文化创意工作者的目光,柏林成为德国土地空间临时使用的实验场,通过对废弃、闲置空间的艺术化改造、公共化经营,低效空间逐渐成为周边社区居民日常聚集、休闲的重要区域。2000年,柏林民间俱乐部共同组建了统一的"柏林市俱乐部委员会",各委员会成员可以主动寻找满足俱乐部活动需求的城市场地,通过向政府主管部门提交用地申请并签订临时使用协议,便可获得空间的临时使用权。

2. 闲置土地高效利用的激励举措

为推动闲置土地的合理利用,1999年德国莱比锡政府出台专项使用许可条例,对土地和物业产权所有人将其处于闲置状态的土地让渡给公共使用的,可免除让渡阶段的土地税,以此来提高闲置土地的使用意愿。2012年,为进一步解决空间闲置问题,加强对闲置空间的管理和利用,德国斯图加特出台专门的资金资助政策,通过加强"空置场地和过渡使用管理"的行政服务,更好链接闲置空间与使用需求,并以资金补助等形式促进闲置空间的合理利用。

3. 专业机构在运营服务与利益协调中的积极作用

德国闲置空间利用中出现了一批专业化顾问公司,如德国的"柏林空间实验室",以当地社区居民为服务对象,受居民或俱乐部委托,对开放空间利用、场地活动安排等进行策划与设计,并提供全程跟进式服务,将文化生产者的需求和资本利益需求链接,空间临时使用的经济、社会效益逐渐显现。此外,在空间临时使用过程中,注重发挥公益性基金会作用,借由其力量购买土地,并将空间租赁给符合社区长期利益的租户,实现社会公益、经济运转、空间品质三方面的精巧平衡。

4. 公众参与空间利用的积极尝试

为匹配公众闲置空间使用需求,柏林市政府实验性推出系列闲置空间供公众探索,如柏林滕珀尔霍夫机场通过加强公众参与,确定空间需求,为后续重新规划提供合理参考。滕珀尔霍夫机场是柏林历史记忆的重要载体,占地面积约400公顷,2008年停止运营后,柏林市政府对机场的下一步发展既无足够资金支持,也无清晰定位,导致很长一段时间内滕珀尔霍夫机场处于闲置状态。为激活这一闲置空间,柏林市政府推出一项别出心裁的举措,将机场开放给市民,充分给予市民空间利用自主权,鼓励居民自发探索空间使用方式,同时通过开展各种实验性活动进一步摸清民众空间使用需求,为机场未来开发找准方向。现在,滕珀尔霍夫机场已经变身为城市公园,草地上布设有雕塑、儿童游乐设施,跑道成为自行车爱好者的骑行首选,这里也会不定期举办社区露天作品阅读会和不插电音乐会,为周边居民生活游憩提供了较好的空间保障。

(三)实施成效

德国闲置、废弃用地空间经历了从边缘化向城市经济、文化战略中心转化的历程。在政府、社区、民众的共同推动下,在开发商、政府、城市开发基金及土地产权人等的投资助力下,在艺术家、文艺爱好者的改造和利用下,闲置、废弃用地空间从城市的灰色地带摇身转变为城市品牌塑造的重点区域,功能从工业逐步向公共服务、商业服务及创意设计转变,不断吸引艺术家工作室、艺术馆、珠宝店、打印社、电影院等入驻,极大改善了区域城市形象,助力区域文化旅游业增长和地方经济振兴。

(四)经验启示

闲置、空置用地空间的临时利用,在一定程度上能够避免土地资源浪费、提升城市发展活力,但需要避免空间的无序化利用,避免出现期满后无法收回的窘境。临时利用的关键是要在适度放权、合理探索的基础上制定合适的规则制度,做好利益的分配。因此,临时利用要以公共利益为先,以提升区域公共服务、带动区域城市经济社会发展为先,与城市发展的整体目标结合,建立有效的约束框架,明确利用时间的有限性和到期无法收回的惩戒条件,更好发挥土地空间临时利用的灵活优势。

三、日本:已供应土地的过渡性利用

(一)基本情况

1966年,在索尼创始人盛田昭夫指示下,位于日本银座数寄屋桥路口的索尼大厦落成启用,成为展示索尼产品与文化的重要窗口。作为索尼在东京的门户和银座的重要地标,索尼大厦承载了几代人的回忆,彰显了不断创新、求新求变的索尼精神内核。经过50多年的风雨,索尼大厦在2017年开启全面形象改造工程,展开为期7年的"银座索尼公园项目"建设。原址上建筑拆除后,地面空间将首先被改造成露天的公共区域——银座索尼公园,并于2018年对外开放,2021年后将封闭建设,于2022年全部建成(图3-5)。

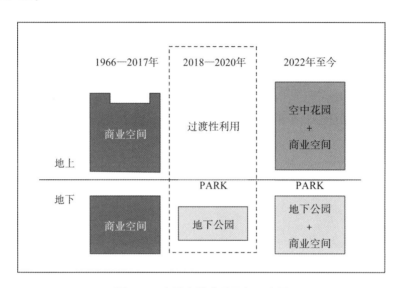

图3-5 索尼大厦建设历程示意图

(二)主要做法

1. 空间的过渡性利用

东京寸土寸金,为降低长期施工带来的经营损耗,索尼大厦重建分两期推进。一期工程主要开展地下及地面建设,将原址上建筑拆除后,地下及地面空间将首先被改造成露天的公共区域——银座索尼公园,一期完工后于2018—2020年向公众开放,开放内容为地下商业文化空间和地面索尼公园;二期工程主要是地上商业主体建设,于2021年启动,2022年秋建成并正式对外开放。经过为期3年的过渡性利用,索尼大厦用地实现了从公园到商业的短期功能转变,没有完全消失在公众视野,而是通过街角公园的形式将丰富的功能植入地下和地面空间,持续让游客和市民感受到索尼带来的创新体验,也为大厦建成后运营起到了较好的预热和宣传作用。

2. 立体化的开发利用

索尼大厦重建工程充分利用地下空间及交通枢纽建设垂直立体公园。索尼公园由约707平方米的地面公园和四层地下商业组成,保留了索尼大厦的原有结构,围绕"索尼"和"公园"两个主题开启一系列实验性的商业活动。索尼公园地面部分主要承担绿地广场职能,设置了铝合金广播车、水族箱等街头展品,通过与东京电台、名人等开展跨界合作,提升空间趣味值和吸引力;地下空间共设四层,涵盖了索尼科技展览、跨界品牌合作、黑科技体验、Livehouse 等视听盛宴,也包含了溜冰、美食餐饮等传统商业。地下空间与地铁银座站互联互通、紧密结合,每周会举办各类表演活动,吸引大量国内外年轻人、发烧友驻足参观。

(三)实施成效

自 2018 年 8 月起,索尼大厦新建的四层地下空间和地面公园以"限定期限"的模式向公众开放到 2020 年秋。这一过渡性利用方式为索尼大厦重建赋予了新的话题和生命力,新空间一经开放便成为世界潮人们探究东京潮流和科技的热门打卡地。开业至今,索尼公园已有 600 多万人造访,还获得了 Good design、iF design 等设计金奖。索尼公园虽然没有索尼专卖店,但处处渗透着索尼的品牌,潜移默化地将一个活泼、艺术、开放、充满不确定性和可能性的企业形象刻在人们心中,一定程度上丰富了索尼的品牌内涵。索尼公园是对公共空间的全新探索,它的诞生为拥挤、繁忙的银座提供了一个短暂却珍贵的休止符,是城市街区过渡性使用的成功典范。

(四)经验启示

日本索尼公园为已供应土地的过渡性开发利用提供了创新思路。这种方式适用于新区已出让但因某些原因短期无法开工且需要提前预热的用地、建成后有一定空地且存在新需求的用地以及重点区域用地拆除重建时的阶段性利用。通过过渡性开发,一方面可以利用增加公共开敞空间、临时性公共建筑等方式,为片区发展提前预热,为城市注入趣味和活力;另一方面,通过地面和地下空间的统筹联动开发,可以优先释放地下和地面空间,持续集聚人气,保持区域的吸引力。

本章小结

国内外城市土地短期利用,以提升土地地均效益、减少土地资源空置浪费、加强土地灵活利用为主要目的,通过时间维度的探索实践,一定程度缩短土地流转周期、盘活低效用地、提升土地利用效率,满足不同时期社会经济发展建设的需要。对比来看,国内城市土地短期利用时长多在 20 年以内,根据土地类型、供给方式、规划条件等的不同,土地短期利用方式多样,主要包括租赁、临时使用和非一次性最高年期出让三种方式,其中,租赁方面包括短期租约、短期租赁、1.5 级开发等方式;临时使用方面包括储备土地临时使用等方式;非一次性最高年期出让包括先租后让、弹性出让、灰色用地等方式。国内城市土地租赁和临时使用主要服务于城市短期、临时性建设需要,短期用途明晰但局限性较大;非一次性最高年期出让的土地短期利用方式较大程度降低了企业初期的拿地成本,同时设定约束考核条件,提升了企业拿地门槛,有效筛选、保留了一批有实力的优质企业,助力区域产业经济健康、稳定发展。国外城市土地短期利用以盘活闲置低效用地、释放公共需求为主要目的,通过公众参与、社会机构参与等方式挖掘土地利用新需求,发挥用地空间的公共效益,更好服务城市居民生活工作需要,改善城市形象面貌。

国内外城市土地短期利用实践总结见表3-3。

表3-3 国内外城市土地短期利用实践总结表

分类	短期利用类型	使用期限	供应方式	适用范围	短期用途	土地收回/到期处置	地价计收
租赁	短期租约(香港)	≤7年(一般为1~5年)	招标或批租	—	工业用途、康乐用途、收费公众停车场、汽车船舶制造修理工场、货仓储、苗圃花档以及社区用途	到期收回,香港地政总署负责清拆租户在短期租约用地上搭建的构筑物	—
	1.5级开发(东莞)	≤20年(一般为8~15年)	协议或招拍挂	东莞市南城国际商务区、滨海湾新区、TOD站点地区以及其他经市政府认定的政府储备用地	不得建设居住项目	到期收回	—
临时使用	储备土地临时利用(武汉)	≤2年(其他城市实践可延长至5年)	协议	储备土地	以临时停车场、施工堆场、驾校、材料堆场等用途为主,不能建设永久性建(构)筑物	到期收回	市场评估值与标准租金结合
	德国闲置空间临时使用	无时限	协议	闲置空间(包括厂区、政府用地等)	公益类用途、社区服务用途、艺术家工作室等	到期收回	按租赁收取费用,并免除让渡阶段权属方的土地税
	日本已供应土地过渡性使用	无时限	—	已供应土地	公园广场等公共空间	按照规划要求建设	—

续表

分类	短期利用类型	使用期限	供应方式	适用范围	短期用途	土地收回/到期处置	地价计收
非一次性最高年期出让	土地弹性年期出让（常州）	销售额>3亿元，≤50年；3 000万元≤销售额≤3亿元，≤30年；销售额<3 000万元，不出让	出让	设备、电子、通信、计算机、电气、化学纤维、纺织、医药等制造业及其他产业类型工业用地	大多为工业用途	到期收回	按《江苏省工业用地出让最低价标准》执行
	土地先租后让（温岭）	租让总年限为50年，其中租赁≤6年，出让≤44年	协议或招拍挂	企业投产后需连续3年每亩土地产出不少于500万元、每亩土地税收不少于40万元	大多为工业用途	到期收回	租金成交后一次性缴纳；出让金按总成交价扣除租金后计缴
	灰色用地（苏州）	"10＋N"，10为首期使用年限，N为激励政策	协议或招拍挂	城市中心地区、启动建设新城区、交通区位条件优势区	根据建设用地的发展需求及政策导向，分阶段调整用地功能	到期收回	—

结合国内外多地土地灵活利用经验，未来土地在时间维度的集约利用方面应重点从以下方面着手寻求突破：

（1）契合企业发展规律，探索周期更短、更具灵活性的土地供应模式。土地产出效益的提升与用地企业经营效益的提升息息相关，顺应企业经营发展的客观规律，突破传统最高年限土地出让的刻板模式，加强工业用地的弹性出让制度探索，能一定程度助力企业缩减拿地初始成本，优化区域的投资环境。同时结合"准入门槛设定""用地效益评价""技术指标考核"等要求，定期开展土地利用效益的综合性评估，有利于加快低效用地的腾退与转换，加大优质企业的用地空间保障，为土地产出效益和资源利用率的提升提供保障，如借鉴香港经验拓展土地短期租赁适用范围，结合新加坡经验进一步探索标准化厂房供给，进一步优化土地租赁管理，强化用地时空供给和服务保障。

（2）引导弹性规划指标，加强市场对用地的探索与引导。城市是各方利益主体博弈、协调的产物，城市规划是在复杂的利益协调中寻求民主、公平、效率和效益平衡的空间调控手段，伴随规划的实践发展以及信息技术手段的运用，规划的科学性逐渐提升，但规划对城市未来发展变化的预测仍存在诸多不确定性，因此，为更好适应未来城市建设发展需要,推动土地高效利用,有必要探索更具弹性的调整空间的规划方式,对城市重要地段、重点发展区域等放宽单一用地性质限制,通过拓宽用地性质的可选范围,给予市场更多的灵活选择权,将有利于进一步提升市场主体的盈利空间和土地的利用价值。

(3) 鼓励闲置空间利用,增强空间公共属性与社会效益。城市用地空间闲置现象在城市不同发展阶段普遍存在,特别是我国大城市,城市土地资源紧缺与空间闲置情况并存,极大制约了土地高效利用和经济社会发展。加强对短期内无法有效处理的闲置空间的创新利用,提供闲置空间的短期利用,引导社会团体、非营利性企业探索空间的公益化、公共化利用,可以在一定程度上解决急需的公共服务需求、提升区域发展活力,以短期利用的方式激活空间价值,减少土地资源的浪费。

第四章 深圳土地短期利用的先行探索

深圳是我国改革开放的"前沿"和"窗口",在过去40多年的改革发展史中,其土地改革也一直走在前沿。然而随着城市规模的大幅扩张,深圳面临的土地资源短缺瓶颈逐渐显现,在"寸土寸金"的深圳,如何高效利用土地资源成为城市高质量发展的"必答题"。深圳作为我国土地有偿使用制度的开先河者,自20世纪90年代就建立起以土地出让为主的较为成熟的有偿使用制度,但由于一次性出让门槛高、时间过久且模式固定,也产生了部分土地粗放利用和闲置浪费的问题。在此背景下,深圳也开始注重兼顾"空间"尺度上的土地高效利用与"时间"尺度上的土地灵活利用,并开展了许多实践探索。近20年来,深圳聚焦土地利用的"时间秩序",探索了储备土地短期利用、临时用地、土地租赁、弹性出让和已供应土地短期利用五种短期利用模式。本章将系统回顾深圳土地开发利用的历程,总结深圳开展土地短期利用的需求和趋势,进而分别详细阐述上述五种模式,全面展示土地短期利用的"深圳实践"。

第一节 深圳土地开发利用概况

深圳土地的稀缺性由来已久,早在21世纪初,深圳就面临"四个难以为继"(即土地空间、资源能源、人口承载力、环境承载力)的发展制约。建设用地总量的"天花板"和生态保护的"硬约束",倒逼深圳不得不创新土地开发利用模式和路径,以更好满足用地需求。

一、深圳土地现状

深圳土地总面积1 997.47平方千米（不含深汕特别合作区），是全国四大一线城市中面积最小的城市，仅为北京的八分之一、广州的四分之一、上海的三分之一，在四个一线城市中，深圳人地矛盾最为突出。根据新一轮国土空间规划，深圳市"十四五"期间建设用地总规模将保持在1 032平方千米以内，建设用地供应规模仅为58平方千米，新增土地资源十分紧缺。同时，深圳土地开发利用面临高限制、严要求，由于深圳地形多为低丘陵地，间以平缓的台地，而这种低丘陵地区土地开发建设成本较高，且受制于生态控制线管控难以开发利用，未来潜力用地十分有限，所以亟待通过存量挖潜、创新土地开发利用模式提高土地资源的利用效率。

从现状来看，根据深圳市土地利用变更调查数据，深圳建设用地总面积为1 004.85平方千米，占比50.0%，远超国际大都市平均水平（一般介于20%～30%之间），属于高度城市化地区；农用地870.54平方千米，占比43.6%，其中林地573.62平方千米，占农用地总面积的65.89%，占深圳土地总面积的28.7%；未利用地121.63平方千米，占比6.1%。在建设用地中，工业用地占比达30.26%，居住用地占比仅为21.23%，远低于国家相关标准中25%～40%的下限。可以看出，深圳建设用地供应（尤其是居住用地供应）与经济发展需求存在较大的供需矛盾，而农用地、未利用地开发潜力有限，也将制约深圳新增建设用地开发利用。

二、深圳土地管理制度发展历程

改革开放以来，深圳经济特区率先打破全国无偿、无限期使用的土地行政划拨制度，实现土地从无偿使用到有偿使用的转变，迈出通过市场机制配置土地资源的第一步；其后又通过"统征""统转"推动集体土地全域国有化，实现土地城乡二元化到国有化的转变；伴随着城市化发展，新增土地资源日趋有限，深圳又通过存量土地开发推动土地资源的再开发、再利用，实现土地从新增建设到存量开发的转变。基于土地制度及土地利用演进中的关键节点，可将深圳土地制度发展历程细分为"无偿使用"到"有偿使用"阶段（1979—1988年）、"城乡二元化"到"全部国有化"阶段（1989—2011年）、"新增用地主导"到"存量开发主导"阶段（2012年至今）三个阶段。

（一）1979—1988年："无偿使用"到"有偿使用"阶段

1979年1月23日，深圳正式立市。1980年8月26日，深圳经济特区正式成立。特区成立初期，发展经济面临最大的问题就是资金短缺。当时，中央只赋予深圳改革试验的特殊政策，却无过多资金支持城市的建设发展。此时，正值世界产业转移的黄金时期，深圳凭借背靠香港、坐拥特区政策的优势，大力发展外向型经济，通过引进"三来一补"项目和"三资企业",承接香港的产业转移,参与国际分工和竞争,取得经济特区城市发展的第一桶金。这一时期,宪法规定土地不能转让、出租,限制土地的资本优势,深圳与其他城市一样,实行的是国有建设用地行政划拨、无偿无限期的使用方式[1],但这一方式难以发挥土地资产价值,深圳经济特区面临资金严重不足的窘境,既无法筹集产业发展及城市建设的启动资金,又难以有效吸引外资企业在深圳落地生产。

在此背景下,深圳政府萌生出"向土地要资金"的强烈渴望,开始学习借鉴香港土地批租经验,探索在土地有偿使用方面做文章。早期探索集中在土地开发、住房建设等方面,主要做法包括出租土地、合作开发、成片委托开发等[2]。1980年12月,深圳市建设委员会房地产公司与香港就罗湖小区一块4 000平方米的商住用地签下了第一份有关土地使用费征收的协议,开创了新中国土地资源由无偿使用转向有偿使用的先河。在此基础上,深圳于1981年12月颁布《深圳经济特区土地管理暂行规定》,首次对客商独资或合资企业用地的土地使用年限和土地使用费进行规定。但这个时期的探索,仅仅只是在土地开发利用实践方面有所突破,尚未触及土地管理制度的改变,因此实施效果并不十分理想,从1979年至1986年深圳市拨地和土地使用费情况来看,历年收取的土地使用费仅占同期政府财政收入的百分之一点多,土地的真实市场价值还没有得到充分体现[1]。

基于现实需求和经济特区特殊的立法优势,1986年,深圳开始尝试对土地管理体制进行全面大胆的改革,重点是突破传统的土地无偿行政划拨这一限制,探索将土地使用权和所有权进行分离,进行土地使用权有偿出让试验。为全力推动这一改革落实,深圳于1986年派出考察团前往香港考察,提出了"改革现行的行政划拨土地、收取土地使用费的办法,在充分准备创造条件的基础上,采取公开拍卖为主,公开拍卖、招标与行政划拨相结合的特区土地管理制度"的建议。随后,深圳于1987年下半年先后以"协议""招标"和"公开竞投"三种方式进行了土地使用权有偿出让的实践探索。1987年12月1日,深圳市首次以公开竞投("拍卖")方式售出编号H409—4、面积8 588平方米的地块,最终深圳经济特区房地产公司以525万元的最高价得到这幅土地50年的使用权,而此次拍卖土地也被称为新中国土地"第一拍"[2]。这次"第一拍",奠定了中国土地使用制度改革的基石,也拉开了改革开放以来中国土地使用制度改革的帷幕。在这三次成功的试验之后,深圳开始全面推广土地使用权有偿有限期出让。

---

① 王江波. 深圳土地制度变迁研究[D]. 深圳:深圳大学,2020.
② 付莹. 深圳经济特区有偿使用土地制度变迁及其影响[J]. 深圳大学学报(人文社会科学版),2016,33(4):26-31.

1988年1月,深圳出台《深圳经济特区土地管理条例》,实施国有土地使用权有偿出让制度。2001年3月,《深圳市土地交易市场管理规定》出台,其核心内容是"通过土地交易有形市场配置经营性土地出让和所有土地转让",这项规定直接促进了深圳土地交易有形市场的诞生,标志着深圳土地使用制度改革又往前迈出了"决定性的一大步"。在深圳"敢为天下先"的实践探索下,国家层面开始意识到土地资产价值的重要性,逐步放开土地行政划拨的限制,并参考深圳经验将土地所有权和使用权分离,允许土地使用权的有偿出让。1988年12月,《中华人民共和国土地管理法》(第一次修正)规定:国有土地和集体所有土地使用权可以依法转让;国家依法实行国有土地有偿使用制度。相关法律法规和政策的出台,为土地有偿使用提供了有力的政策保障,也将土地财政这一模式正式从深圳推广向全国,进而全面加快了全国城市化的发展进程。

这一阶段,深圳经历了从土地无偿划拨到有偿出让的利用方式转变,从最初的土地出租、合作开发和土地入股,过渡到收取土地使用费,直至最终完成公开有偿出让国有土地使用权的制度变革。这一系列探索,一方面既解决了深圳经济发展和城市建设的资金来源问题,进一步拉动投资消费,大刀阔斧地改变了城市发展面貌,全面加快了深圳城市化发展进程;另一方面也推动形成了我国当前土地制度的基本框架,为解放土地资产价值、形成土地一级市场、利用土地出让资金积累城市发展资本提供了先行样板,对全国财政、金融和城市化发展都有深远的意义。

但这一时期,由于深圳实行的是典型的城乡二元土地制度,在外来人口大量涌入、城市发展急速加快的大背景下,深圳进一步放开土地市场,让许多原村民看到了土地背后的巨大价值,进而开始大量抢占土地、私建加建,虽然深圳陆续出台政策,对新村(居民点)用地标准加以限定,并划定村庄用地控制线(即"用地红线")加以管控,但在巨大的经济利益和相对薄弱的管控手段下,此类违建行为屡禁不止,部分用地已经实际超出红线范围,进而产生了早期的土地历史遗留问题。同时,早期通过合作开发、成片委托开发模式引进的"三资企业"存在囤地行为,而为了给"三资企业"提供厂房、宿舍及配套设施,原农村集体组织也通过多种方式占地建房,这些都对土地开发利用产生了一定程度的负面影响。

(二)1989—2011年:"城乡二元化"到"全部国有化"阶段

1992年,深圳改革开放势头更为强劲,开始进入快速发展阶段。在尝到土地使用权有偿出让获取城市建设资金的甜头之后,深圳开始逐步探索扩大土地有偿使用的范围,土地财政逐渐成为支撑城市发展的重要来源。但出让国有土地使用权的前提是,政府必须事先将集体土地所有权征为国有,因此征地拆迁成为推动城市发展的重要动力。在特区成立初期,土地征收和征用工作实行的是企业代征地模式,该模式仅适用于土地资产价值较低、土地资源充足且土地征收资金相对匮乏的城市发展初期阶段。随着城市的快速发展,土地价值迅速提升,开发商、村集体以及村民个人很快意识到了土地作为资产的投资价值,在缺乏土地资源有效监管的前提下,出现了一系列投机性行为,导致土地利用和管理一度混乱,也对城市的可持续发展造成了阻碍。

1988年《中华人民共和国土地管理法》第一次修正后,深圳经济特区发布了《深圳市人民政府关于深圳经济特区征地工作的若干规定》(深府〔1989〕7号),明确自1989年起,深圳经济特区内开始实行政府统一征地的征地模式,这标志着深圳市土地征收模式由企业代征地向政府统一征地转变。1992年6月,深圳市政府颁布了《关于深圳经济特区农村城市化的暂行规定》,将原特区内的罗湖、福田和南山三个区的全部土地征为国有。之后的十年间,深圳市政府以及各区政府相继出台了一系列征地、收地以及房屋拆迁办法,包括《深圳市土地征用和收回条例》《深圳市征用土地实施办法》《深圳经济特区处理历史遗留违法私房若干规定》等。为了更好地推进工作开展,深圳市政府于1992年批准成立深圳市规划与国土资源局,设征地拆迁办公室(行政事务机构)主管全市征地拆迁工作。在此基础上,深圳经济特区内原农村集体土地统征工作全面铺开,具体做法是以行政村为单位,除留给村民原农村集体自用土地外(含工商、居住、配套用地等),对其余土地实行一次性统征。此次统征采取了征地补偿金与返还地双补偿的模式,从资金、土地两方面共同保障了集体经济组织和原村民的权益。从1989年到1992年,原特区内理论上全部完成了集体土地的国有化。

受到原特区内经济发展形势的带动,原特区外的城市化进程也在不断加快,逐步迈入大开发大建设阶段,但此时大量集体土地的存在阻碍了城市开发建设,亟须通过高效、快速的手段实现土地的国有化。因此,深圳市政府参照1998年发布的《中华人民共和国土地管理法实施条例》第二条第五项规定"农村集体经济组织全部成员转为城镇居民的,原属于其成员集体所有的土地属于国家所有",于2003年10月出台了《关于加快宝安、龙岗两区城市化进程的意见》,提出将农村集体经济组织全部成员转化为城市居民,原属于其成员集体所有的土地依法转为国家所有,即"村改居"转地模式,也被称为城市化转地模式。2004年,《深圳市宝安龙岗两区城市化土地管理办法》出台,依法推进深圳市宝安、龙岗两区城市化进程,明确了城市化集体土地转为国有土地的适当补偿标准、实施程序规定和土地储备管理机制。通过"一次性转地,一次性付款,一年内完成"的转地方式,至2005年底,原特区外的宝安、龙岗两区数百平方千米的农村集体土地"国有化"基本完成。但由于此次转地要求的时限短、任务重,工作机制尚未完全理顺,后续产生了一系列历史遗留问题,在之后的几年里,相关转地工作仍然在断断续续开展。据了解,直至2012年仍存在城市化转地补偿协议签订行为。

这一阶段,深圳经历了土地所有权从国有集体二元制到全部国有的转变。经过

1992年原特区内统征和2004年原特区外城市化转地这两次城市化统征(转)地工作，深圳以较低的代价实现了全市域土地的国有化，大力推进了农村城市化进程，满足了城市化发展对新增土地的迫切需求，也为深圳后续经济社会的发展奠定了基础，城市开发建设迈入快速发展阶段，城区建成度迅速提升。但城市化转地这种"先改变农村行政建制和村民户籍，再统一实施集体土地的国有化转变"行为，实际上并不符合上位法的精神，在法律界、学术界也引发了一些思考和质疑。此后，国家通过立法性解释对深圳转地的法律依据予以否定，但认可了深圳的转地行为。因此，深圳的"统转"也成为中国土地制度和法律框架下难以复制的特例。

但同时，两次大规模统征、统转工作也引发了一系列历史遗留问题，特别是城市化转地模式。由于"村改居"城市化转地模式要求的完成时限过短，全面转地后，大量土地没有及时进行划拨或出让以及后续开发行为，使得大量村民在法定国有的土地上抢建抢种。而且，在《深圳市宝安龙岗两区城市化土地管理办法》中规定了多种情形不予以补偿，包括已建成区的用地、经批准尚未使用的建设用地、山林地以及坡度大于25度不作为建设用地的园地等，再加上转地补偿政策不到位(如工商用地指标仍沿用10年前的标准，发展用地最高仅返还5%、远低于广东10%标准)，与原村民心理预期相差较大，导致利益分配失衡，村民对转地的认可程度不高，由此产生了一系列转地补偿的争议。此外，由于转地的推进速度过快，某些区域土地移交和接管不及时、部分土地没有完成相应补偿手续，这些都进一步加剧土地历史遗留问题的产生。

(三) 2012年至今："新增用地主导"到"存量开发主导"阶段

经过统征和统转之后，深圳土地名义上全部属于国有，在土地开发的时候，极大地减少了土地征收手续烦琐的问题。但此时全市建成度已经很高，新增建设用地资源有限，为解决土地资源紧缺问题，早在2003年，深圳市便开始着手探索存量土地的挖潜工作，当时主要是针对宝安、龙岗两区探索开展城中村改造，但由于国家相关调控十分严格，实际完成的城中村、工业区旧改项目寥寥无几。2012年，深圳市存量土地供应首次超过新增建设用地供应，标志着深圳正式进入土地存量开发时代。

在此背景下，深圳市开始全面探索存量土地开发路径。但由于历史遗留问题众多，产权不清晰、权益难厘清，土地名义国有而原农村集体(含原村民)现实占用成为土地存量开发面临的最大矛盾焦点。根据2012年深圳市股份合作公司用地调查数据，全市原农村土地的总面积约为393.3平方千米，约占全市建设用地总规模(996.8平方千米)的39.5%。其中合法外土地为298.2平方千米，占全市原农村土地的75.8%。合法外土地体量庞大，但受制于权属问题，"政府拿不走、村民用不好、市场难作为"，原农村土地的盘活利用和管理陷入僵局。为破解存量土地开发难题，深圳在

2009年和2011年分别出台了《深圳市城市更新办法》(深府令第211号)和《深圳市人民政府关于推进土地整备工作的若干意见》(深府〔2011〕102号),提出了"城市更新"和"土地整备"的概念。在此后的十几年间,城市更新、土地整备成为深圳存量土地盘活的两大主要路径。

城市更新方面,深圳既是内地首个提出"城市更新"概念的城市,也是城市更新的代表性城市,标志着城市开发建设方式由粗放型外延式发展向集约型内涵式发展转变。从制度建设来看,《深圳市城市更新办法》(深府令第211号)首次以地方性规章形式对深圳市城市更新制度进行建章立制,初步明确了深圳市城市更新的适用范围、实施原则、参与主体、实施类型等事项,规定城市更新方式分为拆除重建、综合整治和功能改变三类。该办法确立了政府在城市更新过程中的引导地位,并重点强调了市场主体参与城市更新的作用,这也是深圳城市更新模式与其他城市的最大不同所在。之后,城市更新方面密集研究制定了《深圳市城市更新单元规划制定计划申报指引(试行)》《城市更新单元规划审批操作规则(试行)》《深圳市城市更新办法实施细则》等政策,大力推进拆除重建类城市更新,并不断丰富完善城市更新政策体系框架,逐步构建了囊括规划、计划、用地处置、地价、出让、业务流程等内容的城市更新政策体系。这一系列政策的出台,使得城市更新项目落地有据可依,标志着深圳城市更新进入了规范化、制度化时期。从实施成效来看,深圳市城市更新项目多为拆除重建类,截至2022年7月,深圳已公示的城市更新项目超过900个,这些城市更新项目极大地推动了城市发展,保障了重点项目建设,提升了城市面貌,有效解决了城市发展空间不足的问题。

土地整备方面,深圳土地整备的概念起源于土地征收,但又突破了传统征收的固有局限,通过更加多元化的手段理清土地产权关系、推动原农村土地纳入国有土地储备库。在多年的实践探索中,深圳的土地整备实施路径逐渐分化为两个方向,一个方向是基于公共利益需要,由政府主导实施的一般性土地整备项目,主要是用于解决政府投资的公共基础设施建设项目用地问题,通常采用货币补偿方式;另一个方向是由原农村集体经济组织继受单位申请开展的土地整备利益统筹项目,通过规划、土地、资金、产权等统筹手段,一揽子解决历史遗留问题。从制度建设来看,《关于推进土地整备工作的若干意见》(深府〔2011〕102号)首次明确了"土地整备"的概念,搭建了深圳土地整备"政府主导、规划统筹,分区实施、统一管理、共同责任、利益兼顾"的制度框架,明确了土地整备的实施范围、实施机制、资金来源、激励机制和监督责任机制等,成为全市土地整备工作的顶层设计文件。在此之后,坪山区率先开始探索"整村统筹"模式,以社区实际掌握用地为对象,通过"土地+规划+资金"多种手段综合统筹公共利益、集体利益和个人利益,代表性案例包括南布社区整村统筹项目、沙田社区整村统筹项目。坪山区的这一探索为土地整备利益统筹政策的出台奠定了基础。2015年,深圳市规划国土委印发《土地整备利益统筹试点项目管理办法(试行)》(深规土〔2015〕721号),鼓励开展土地整备利益统筹试点项目,代表性案例包括观湖下围土地整备利益统筹项目、国际低碳城西片区土地整备利益统筹项目。2018年,《深圳市土地整备利益统筹项目管理办法》(深规土规〔2018〕6号)正式出台,该办法延续了试点政策的基本框架,进一步规范细化了留用土地测算规则、项目审批和管理流程的部分条款,取消试点,全面推广政策。自此以后,深圳市土地整备利益统筹项目开始在全市范围内广泛实施。2022年3月,深圳市发布《深圳市土地整备利益统筹办法》(征求意见稿),对其适用范围、留用地测算规则、审批流程等方面都进行了优化调整,标志着深圳市土地整备进入了一个快速发展的新阶段。从实施成效来看,深圳市土地整备项目重点保障了外环高速,南坪三期,地铁4、6、12、14、20号线等公共服务设施、城市基础设施用地,以及立讯精密、南京金龙汽车等重大产业项目实施,持续推进了国土空间提质增效。

深圳市探索形成以城市更新和土地整备为核心的存量土地开发利用体系,其核心目标是通过盘活存量土地来弥补新增土地供应不足的缺口,同时解决全市长期存在的土地历史遗留问题。因此,伴随着城市更新、土地整备等土地开发利用政策的出台,原农村城市化历史遗留问题相关处理政策也一并出台,共同构成了深圳存量土地再开发和解决历史遗留问题的政策框架体系。从现实角度来看,随着合法用地总量的日益减少,相关规划管控要素日趋严格,再加上土地开发成本高,叠加房地产行业下行压力,土地增值收益空间逐渐被压缩,以市场主体为主导的拆除重建类城市更新项目未来将面临诸多制约。相反,以政府为主导的土地整备利益统筹项目开始异军突起,大面积连片、多手段综合、多用途集成的土地整备模式逐渐取代小范围、单一功能的城市更新模式,在政府有形之手的作用下,以往规划为公共设施、生态用地等的土地可以通过"一揽子"方案加以落实,未来也将逐步成为存量开发的主流模式。

三、深圳市土地开发利用现状特征

深圳经历了四十多年的高速发展,城市空间形态和土地利用现状都发生了深刻变化,土地空间成为制约深圳发展最重要的瓶颈之一。通过对前面深圳土地现状和土地制度发展历程的分析,可以发现深圳土地开发利用具有以下特征。

(一)新增空间极度紧缺,土地紧约束瓶颈凸显

2020年深圳市人口密度高达0.88万人/千米^2,与纽约水平相当,人地矛盾凸显。与国内其他主要城市相比,深圳市建设用地占市域面积比例最高,土地开发强度逼近50%,已接近极限,建设用地基本消耗殆尽,土地的高度稀缺,大大削弱了深圳的城市竞争力。

（二）历史遗留问题复杂，土地低效利用较为普遍

深圳经历了两次大规模的城市化统征和统转，名义上已经没有集体土地，但仍存在城市化历史遗留问题，半数土地仍掌握在原村集体手中，而且与国有土地犬牙交错，陷入了"政府拿不走、村民用不好、市场难作为"的困境。同时，土地低效开发、闲置浪费现象明显，比如截至2017年底，深圳市已批未建用地多达564宗、11.94平方千米。

（三）用地功能布局不尽合理，发展不平衡问题明显

原特区内外在用地效益、用地结构、公服空间布局、空间品质上差异过大，发展不平衡现象明显。而且相较于国标和其他城市，深圳的交通、工业用地占比偏高，居住、公服用地占比偏低，民生短板较为突出。

因此，在"一边难挖潜、一边有闲置"的尴尬局面下，深圳为了实现土地价值的最大化，亟须探索更加灵活的土地利用模式，满足城市建设需求。

四、深圳市土地短期利用需求及趋势

在空间资源紧约束的现实背景下，深圳无论是在新增用地供应还是在存量土地开发方面，都建立了相对完善的政策体系，走在了全国前列。但随着新形势和新问题的出现，在依靠规模扩张来拓展未来发展空间难以为继的前提下，深圳在不同区域均面临着土地短期利用的需求。

（一）高度建成区急需的公共服务设施需求

过去几十年，深圳人口从1980年的33万人增长至2020年的1 756万人，但公共服务设施建设跟不上人口的迅速增长，民生设施短板明显，2020年人均公共服务设施用地面积低于国标、仅为3.3平方米，而且规划实施率仅为40%～60%。特别是原特区外各区，公共服务设施建设滞后、欠账金额大，教育、医疗、文体、停车等设施难以满足经济社会持续发展的需求。高度建成区新增空间有限，主要依靠挖潜存量用地来补齐公共服务设施短板，往往通过调整详细规划等手段逐步落实，但这种方式耗时长且成本高。在实践中，经常会面临急需的公共服务设施需求，比如短期的校舍腾挪需求、因突发或重大公共卫生事件引起的隔离场所需求、因技术变革更新产生的短期设施需求等，这些急需且短期的需求往往难以通过规划调整快速落实，需要通过短期利用土地予以满足。

（二）新开发区过渡性开发建设的需求

近年来，为落实国家重大战略和区域发展规划，深圳先后在南山区、大鹏新区等地区，谋划开发了前海深港现代服务业合作区、坝光国际生物谷等新开发区域，拓展了大规模新增空间。同时，宝安区、龙华区、坪山区等原特区外各区也通过开展连片土地整备，释放了集中成片平方千米级优质发展空间。这些新开发区域拥有充足的空间，而

且普遍承担着重要的发展定位,但难以在短时间内谋划好发展蓝图,需要进行分期、分阶段的"过渡性"开发,在有序开发建设的同时谋划好剩余土地的开发思路。另外,新开发区域往往人气不足、活力不够、功能不完善,这也需要利用片区内暂不开发的土地,建设办公场所、停车场、充电桩等短期设施,将新开发区域充分"盘活",同时也能避免大量储备土地长期"闲置"。

(三)企业生命周期普遍缩短的市场需求

近年来,从深圳工业企业发展现状来看,其生命周期呈现逐步缩短的趋势,远低于现行的土地使用权最高出让年限。而传统的按照最高年期出让土地,对于企业而言需要一次性支付高昂的地价成本,特别是中小企业资金有限,只能"望而却步"。因此,在市场驱动下,越来越多的企业更加期望降低获取土地的门槛,能够以较低的成本获取较短年期的土地使用权,充分满足企业的融资需求。同时,从政府需求的角度来看,在深圳土地资源极度紧缺的背景下,按照最高年限一次性出让给企业土地使用权也难以持续,而缩短土地出让年限,既能督促企业高效利用土地,避免造成土地闲置,还能提高土地利用的效率和效益,实现节约集约利用土地。

从上面的论述可以看到,在深圳土地资源高度紧缺的背景下,如何更加高效地利用土地至关重要。近年来,深圳围绕土地管理和利用开展了大量创新探索和改革实践,而国家层面也陆续出台了弹性出让、储备土地短期利用等多种政策"工具箱",为开展土地短期利用提供了相关依据。为更好满足土地短期利用的新需求,深圳在国家规定的传统土地利用方式的基础上,以"打补丁"的方式,先后创新开展了多种用地方式,推动土地利用向着短期、灵活和高效的趋势发展。截至目前,深圳先后开展了储备土地短期利用、临时用地、土地租赁、弹性出让、已供应土地短期利用等多项实践,充分满足不同用地需求,其中多项实践已转化为政策成果,探索形成高度城市化地区土地短期利用的"深圳模式"。

第二节 深圳储备土地短期利用的实践探索

深圳市储备土地短期利用是指储备土地在库管理期间,开展的为期两年以内的短期利用方式,且仅限用于运动场、停车场等公益性用途。该模式的产生,与深圳储备土地管理的历程有着密切关系,因此本节将从储备土地自身的发展切入,阐述清楚短期利用产生的背景和需求。但早期制度设计层面考虑较为欠缺,导致实践中产生了成本收益难以平衡、土地难以收回等诸多问题,整体效果不够理想,本节也会重点从政策和案例两个层面,介绍深圳储备土地短期利用的具体实践。

一、深圳储备土地管理历程演进

(一)从"分散、无序"到"统一、有序"管理

深圳虽然最先开始土地有偿出让的探索,但在储备土地管理方面起步较晚。深圳市土地国有化时间跨度大,经历了企业代征地、镇政府代征地、统征、统转等多种征(转)地形式,征地主体多元,除土地主管部门外,既有原宝安县政府、区政府和原镇政府等基层政府,也有成片开发区和受委托征地的企业,导致早期储备土地管理存在较多限制,基本上是"谁征用、谁管理",尚未建立统一的储备土地管理机制。再加上早期征地范围不清、征地资料不全、用地手续未完善等问题,在2005年以前,全市储备土地的来源、权属、管理主体等均不明确,储备土地非法占用的情形比比皆是,大量历史遗留问题难以得到解决,极大影响了储备土地的利用和管理。而伴随着2004年城市化转地后大量土地转为国有,"谁来管、怎么管"一系列问题开始成为迫在眉睫的待解决事项。

为了应对上述问题,深圳市于2004年成立了土地储备中心,其主要职能便是对全市范围内的政府储备土地进行统一管理,同时明确了土地储备范围,将为实施城市规划而批准征用和转用的土地、为公共利益需要收回的土地等9类土地归入储备范围。在此基础上,深圳市从2005年开始,对全市历年征地资料、转地资料和地面现状情况进行全面数据清查,基本摸清了全市储备土地现状,并建立了储备土地信息库,为全市储备土地统一管理奠定了坚实基础。

(二)完善储备土地管理制度,推动规范化开展

2006年6月,深圳市政府召开深圳建市以来的首次全市土地管理工作会议,推出《深圳市人民政府关于进一步加强土地管理推进节约集约用地的意见》(深府〔2006〕106号)《深圳市土地储备管理办法》(市政府令第153号)等有关土地管理的7个政策。其中,《深圳市人民政府关于进一步加强土地管理推进节约集约用地的意见》明确提出特区内外土地管理必须坚持"一个标准管理、一个池子蓄水、一个龙头放水"的原则,提高土地的集中管理水平。其中,"一个池子蓄水"就是建立土地储备统一管理制度,对宝安和龙岗两区城市化转为国有的土地、政府原有储备土地及通过收回、收购方式取得的土地实行集中统一管理。国土部门应当严格实行储备土地出入库管理,对储备土地的日常动态进行管理,避免其被非法侵占。

随后,《深圳市土地储备管理办法》于2006年8月正式出台,规定了土地储备的定义、范围、管理主体及管理流程,明确要求"统一储备,统一管理",成为全市储备土地管理的纲领性文件。同年,深圳市国土资源和房产管理局分别出台了《关于建立储备土

地入出库管理制度的通知》(深国房〔2006〕687号)以及《深圳市土地储备管理办法实施细则》(深国房〔2006〕775号),明确建立储备土地出入库管理制度,并细化了储备土地统一管理的具体措施,规范了储备土地出入库管理流程,之后全市储备土地管理工作开始逐步走上正轨。

(三)加快历史遗留问题清理,优化市区管理事权

虽然深圳在市级层面逐步建立了统一的储备土地管理机制,但由于早期市土地储备机构对全市储备土地实行"先管理、再清理"原则,大量没有经过清理、存在遗留问题的土地被纳入储备土地,储备土地管理面临权属不明晰、补偿不到位、违建难拆除等一系列问题。据调查,原特区内554块储备土地中,存在或部分存在征地问题的土地共有353块,面积1 835.8万平方米。此外,全市储备土地均由市土地储备中心统一管理,各区对于储备土地缺乏管辖权力,难以有效推动相关工作开展,储备土地管理积极性也难以被调动。

在储备土地现状、管理机制全面厘清的同时,深圳市政府也深刻意识到了储备土地非法占用的严重性。为此,深圳市开始全面实行储备土地清理专项行动,并专门制定了《深圳市政府储备土地清理专项行动工作方案》,指导各区全面开展储备土地清理工作。2014年以来,深圳市陆续开展了多次政府储备土地违法违规占用专项执法行动,对被违法违规占用的政府储备土地实施强制清理,通过行政执法手段收回大量政府储备土地,为保障储备土地的安全奠定了基础,也为后续国有土地出让做出了贡献。

2015年5月12日,国务院召开全国推进简政放权放管结合职能转变工作电视电话会议,首次提出了"放管服"改革的概念,要求各地切实转变政府职能,激发基层改革动力。深圳于2016年3月正式启动强区放权改革工作,将市级政府较多事项下放至区一级,极大地提高了区级政府的办事效能和积极性。而国有储备土地管理事权也部分下放至区一级,主要包括规划为农地等未划管理线的储备土地管理、区级负责的文教体卫等城市基础设施和公共服务设施的储备土地管理及复垦管理等。各区政府也纷纷明确国有储备土地管理下放事权的区级承接机构,并相应出台区级非经营性储备土地管理办法,对此类区管非经营性储备土地进行统一管理。

总体来看,深圳市储备土地经历了"无序管理"到"统一管理"的转变,从现状不明、底数不清、管理主体多元的混乱状态逐步过渡到统一底数、统一管理、统一利用的有序状态。但大量近期暂未纳入年度供应计划的储备土地面临长期"晒太阳"的窘境,这些储备土地部分属于城市边角地难以开发利用,部分受制于规划原因短期无法供应。随着城市快速开发建设,用地需求日益增加,一边是储备土地"长期闲置",一边是公共基础设施建设"无地可用",因此储备土地短期利用的需求应运而生。

二、深圳储备土地短期利用的政策路径和实践

（一）制度缘起与建立

深圳市首次提出储备土地短期利用的概念，是在2006年发布的《深圳市土地储备管理办法》（市政府令第153号）中，主要涉及储备土地短期利用适用情形、主管部门、用途、时限及相关限制等。其中第十六条明确规定："在保障城市规划、年度土地供应计划顺利实施的前提下，经主管部门批准，市土地储备机构可以对储备土地进行短期合理利用。储备土地短期利用不需办理储备土地出库手续。储备土地短期利用只能用于公共运动场地、社会车辆停放等用途，期限不得超过一年。短期利用期间，不得兴建永久性建筑物。"

同年，《深圳市土地储备管理办法实施细则》（深国房〔2006〕775号）也对储备土地短期利用做了相关规定。其中，第三十条指出："经主管部门批准，市土地储备机构可以在不改变原土地用途的前提下，对储备土地进行短期合理利用""储备土地短期利用收益应当按照'收支两条线'的方式纳入财政专户。"第三十一条指出："土地储备机构对储备土地进行短期利用的，应当通过挂牌或公开招标的方式，按照价高者得的原则确定短期利用主体。"此后，深圳市制定了《深圳市储备土地短期利用合同》统一模板，并于2007年出台了《关于成立深圳市储备土地短期利用招标委员会的通知》，进一步规范了储备土地短期利用的交易及管理流程。

（二）实践探索和困境

深圳市在储备土地短期利用方面陆续开展了一系列探索实践，积累了较多经验，也获得了一部分经验教训。在2009年以前，深圳市土地储备主管部门对近期未列入土地供应计划的储备土地通过招拍挂方式进行了22宗短期利用。但是由于短期利用时限较短，使用单位往往以难以收回成本等理由拒绝到期收回，从而导致储备土地收回困难，收回成本远大于利用成本，且易产生一系列法律纠纷等遗留问题，因此这类短期利用行为陆陆续续被叫停，深圳市土地储备中心后续也不再开展储备土地短期利用业务。这里以深圳市土地储备中心早期开展的南山区TSN-324地块储备土地短期利用为案例加以说明。

TSN-324（A、B）地块位于南山区南山大道北侧、南头直升机场西侧，原南山安置区旧址内，面积20 533.1平方米，属于国有储备土地。2008年4月和6月，经原市国土房产局批准，深圳市土地储备中心发布储备土地短期利用挂牌公告，将该地块以公开挂牌方式进行短期利用交易，用途分别为自营非易燃易爆建材堆放场和自用停车场，期限为1年。公告规定，该地块仅限自用，不得进行其他商业性经营。随后，深圳市两家公司成功摘牌，与市土地储备中心签订了短期利用合同，并支付了短期利用费

用。合同约定,短期利用期满后,中标单位需做好场地清理工作,通知市土地储备中心并移交土地。

2009年5月,原市国土房产局计划将该地块作为教育用地划拨给南山区教育局,用于建设博伦职业技术学校南头校区。同年9月,两家公司租约到期,市土地储备中心发出清场通知,要求收回该地块,但两家公司以使用期限短、成本未能收回为由,拒不按合同约定退场。为此,市土地储备中心通过律师函等多种法律手段都难以解决收回问题。僵持近半年后,南山区于2010年3月组织了联合执法行动,对该地块上的违法建(构)筑物实施拆除,市土地储备中心才得以收回该地块。该地块收回后,市土地储备中心与原使用单位就短期利用违约责任进行了仲裁,后续还产生了其他法律纠纷。自此以后,鉴于储备土地短期利用收回难的情况,深圳市土地储备中心停止了短期利用业务。而目前深圳市政府对此的态度也十分明确,一般储备用地原则上不支持短期利用,这也为深圳市储备土地短期利用的实践画上了休止符。

三、小结

从深圳市储备土地管理历程、短期利用政策及实践中可以看出,储备土地短期利用面临的最大桎梏就是到期收回难的问题。深圳市规定储备土地短期利用只能用于公共运动场地、社会车辆停放等用途,期限不得超过一年,且必须通过挂牌或公开招标的方式,按照价高者得的原则确定短期利用主体。对于许多使用主体而言,其通过复杂的流程、较高的价格中标储备土地短期利用权利之后,受制于用途约束和时间限制,往往无法在一年时间内收回成本,再加上市土地储备中心不具备执法权,也没有相关政策针对拒不收回的情形提出明确的惩罚措施,从而心存侥幸,在储备土地短期利用到期后拒不退场,由此引发一系列矛盾问题。对于储备部门而言,储备土地短期利用虽然能够获取一定的短期使用费,解决了部分公共运动场地、社会车辆停放无空间可用的问题,但由于存在收回难的问题,储备中心收回土地的成本远大于使用收益,还容易引发社会纠纷,其中的利益博弈不足以支撑其继续开展短期利用的实践,因此才导致这一模式宣告终止。可以看出,储备土地短期利用的设计初衷和方向是正确的,但应当充分考虑使用主体的权益、管理及收回机制的保障力度。一方面可以通过适当放开用途限制、增加使用期限、简化交易流程等方式降低使用主体的投资成本或者提高开发利用收益;另一方面应当健全储备土地短期利用监管及到期收回的制度体系,赋予相关部门强制收回的职权、明确具体处罚措施,从源头开始规避风险。此外,从公共利益角度出发,可以通过类似于划拨的方式将储备土地短期利用权利给予国企或政府部门,更多地用于满足公共服务的需要,但同时也必须明确收回的时限及要求,从而保障储备土地短期利用这一模式能够可持续发展。

第三节 公共设施类的临时用地探索

一、背景情况

临时用地与城市建设密切相关。自20世纪90年代以来，随着深圳城市建设的快速推进，因建设项目施工导致的临时用地需求日益增加，审批量也逐年攀升，与此同时，深圳围绕临时用地也出台了系列政策规范。据不完全统计，深圳市历年来审批的临时用地总量超过5 000宗，大部分为服务建设项目需要，同时为了满足急需的公共服务需要，深圳也探索通过临时用地的方式，开展学校、文体设施、政府设施等的建设，一定程度上弥补了民生缺口。

近年来，深圳为破解临时用地出现的范围不明确、重审批轻监管、重使用轻恢复、到期难收回等系列问题，逐步构建了"三个一"临时用地管理机制，即"一个办法、一个系统、一次行动"，"一个办法"是指2019年出台的《深圳市临时用地管理办法》（深规划资源规〔2019〕6号），"一个系统"是指从2018年底开始建立健全的临时用地审批监管系统，"一次行动"是指2020年实施的到期未收回临时用地处置专项行动，逐步实现了临时用地管理工作的制度化与规范化。

二、深圳临时用地管理制度设计

深圳市临时用地政策体系较为完备，且在不同发展阶段和时期结合深圳实际进行了创新，在市级层面先后通过法规、政府令、规范性文件等多种形式出台了若干政策，围绕临时用地的申请条件、用途范围、使用期限、建设要求、工作机制等内容进行了细致规定，在制度上充分保障了临时用地这一短期利用方式的需求（表4-1）。

表4-1 深圳市临时用地相关政策情况

序号	年份	政策名称	相关内容
1	1993	《深圳市宝安、龙岗区规划、国土管理暂行办法》（深府〔1993〕283号）	明确了可以临时使用土地作非农建设
2	1998	《深圳市城市规划条例》	对"临时建设用地"相关要求进行了初步规定
3	2006	《深圳市临时用地和临时建筑管理规定》（市政府令第149号）	市级层面首部针对临时用地和临时建筑的专项政策，对临时用地使用的条件、期限、权利限制、监督管理、收回情形进行了系统规范

续表

序号	年份	政策名称	相关内容
4	2017	《深圳市人民政府关于深化规划国土体制机制改革的决定》(深圳市人民政府令第298号)	将临时用地和临时建筑的审批权限由市级层面下放至区政府及其职能部门
5	2019	《深圳市临时用地管理办法》(深规划资源规〔2019〕6号)	针对实际管理中存在的问题,从用地申请、审批、监管、延期、收回等方面全链条、全流程规范了临时用地管理工作
6	2022	《市规划和自然资源局关于我市临时用地审批职权调整有关事项的通知》(深规划资源〔2022〕105号)	将临时用地审批等6个事项由区政府收归至市规划和自然资源局及其派出机构实施

在1998年之前,由于国家到地方的临时用地制度体系尚不健全,深圳并未对临时用地的用途进行明确规定,仅模糊规定了"需要临时使用土地作非农建设的,应向派出机构申请"且"期限一般不超过2年"。

1998年,随着深圳城市开发建设的推进,"摊大饼"的发展模式也产生了土地资源过度开发、粗放利用等问题,特别是临时用地审批缺乏明确的操作依据。为此,深圳在颁布的《深圳市城市规划条例》中,对"临时建设用地"进行了解释,并明确了具体要求,在用途方面,仅限用于建设工程施工需要和急需的公共服务配套设施,并提出要严格控制临时建设用地;在选址方面,禁止在城市近期建设用地、绿地和规划作为公共服务设施及市政公用设施的用地内安排临时建设用地。此后20年左右,深圳临时用地主要服务于建设项目施工和急需的公服配套两大类。值得注意的是,急需的公服配套这类用途是深圳较为特殊的一类情形,虽然在一定程度上缓解了公服紧缺这一问题,但也产生了到期难收回,甚至已修建永久性设施无法收回等难题。

进入21世纪,深圳进入了发展的"快车道",但同时也率先面临"四个难以为继"的困境,其中第一个困境就是土地空间极为有限。为更好满足经济社会发展需要,2006年,《深圳市临时用地和临时建筑管理规定》(市政府令第149号)对临时用地的范围进行了拓展,除了因建设项目施工、地质勘查以及急需的公共服务配套设施需要外,还补充了"因工商业经营以及其他需要短期使用国有土地进行临时建设的,按照国有土地租赁的有关规定办理;在本市国有土地租赁的有关具体管理规定施行前可以参照本规定办理"。但此后相当长一段时间内,深圳并未出台国有土地租赁的政策规定,导致了深圳的临时用地"涌入"了大量经营性用途,产生了到期难收回等一系列问题。

2019年,为进一步实现临时用地范围与广东省出台的《广东省国土资源厅关于加强临时用地管理的通知》(粤国土资利用发〔2016〕35号)衔接,同时规范临时用地审批流程,深圳市出台了新的《深圳市临时用地管理办法》(深规划资源规〔2019〕6号),新办法特别清晰地界定了临时用地的使用范围,将工程项目建设施工临时用地限定在临时工棚用地、临时取土、弃渣用地、架设或铺设线路以及其他地下工程用地等范围内；将政府组织实施的急需公共服务设施临时用地限定在教育、医疗、交通场站、电力、燃气、环境卫生、文化、公安、体育等设施范围内。紧接着，在2020年，深圳市部署开展了到期未收回临时用地处置专项行动，对全市500余宗到期未收回临时用地开展专项清理，有效释放了存量空间。

2022年，为落实《自然资源部关于规范临时用地管理的通知》（自然资规〔2021〕2号）相关要求，深圳市调整了临时用地的使用范围，与国家要求严格保持一致，仅用于建设项目施工、地质勘查两类情形，不再保留"政府组织实施的急需公共服务设施"这一情形。同时，对于临时用地使用期限，也严格执行"一般不超过两年"的规定，且对于新批准的临时用地，不再予以延期。

总的来看，深圳在不同的发展时期，都在国家上位政策的框架下，对临时用地这一用地方式进行了明确规定，并根据实践中产生的问题，作了多轮调整，保障了临时用地的高效审批和管理。

三、深圳临时用地的代表性案例和实践

（一）服务建设项目施工类

1. 前海合作区"集中临建区"模式

前海合作区建设伊始，建设项目"遍地开花"，参建的施工单位往往都各自为政，通过搭建简易的工人宿舍等临时建筑，满足建筑工人生活需要。同时由于行业特点和施工环境的局限，工人的住宿条件普遍较差、拥挤、嘈杂、卫生状况差、生活配套设施简陋、安全隐患高等问题较为突出。

为了有效减少乃至杜绝临时建筑"多处开花"对合作区整体形象的影响，在集约使用宝贵土地资源的同时，更好地为建设者们提供配套服务，前海合作区探索出了一套通过临时用地审批手续对片区建筑工人板房进行"集中选址、统一规划、统一建设、统一管理"的解决办法。目前，已成功打造深圳首个大型集中临建示范区——"前海建工苑"，该建设管理模式开创了对临建实行集中选址、统一规划、统一建设、统一管理的创新探索。

集中临建区通过统一化、规模化理念，提高土地使用效益。集中临建区选址在一块规模较大、集中连片的地块，统一布局规模化临时用房，相比传统临建"化零为整"，不仅方便共用水、电、通信等基础设施，还减小了零散使用临时用地规模、提高土地集约利用度。相比传统临建"因陋就简"、品质普遍较低，集中临建区贯彻社区式的规划理念，以"模块化"组团式布局，创造标准多样的组合空间，在满足功能需求的同时，显著改善了临建生活和工作环境水平。同时，集中临建区通过统一采购和建设，规模化

应用高标准装配式板房,预期使用寿命一般可达 5～6 年,相比传统临建节约了反复装卸的建筑成本,提高了使用效益。

集中临建区提供标准化配套和便捷化服务,实现驿站式拎包入驻。集中临建区以提供生活宿舍和办公室为主,并设有食堂、便利店、药店、运动场和公交接驳站等生活配套设施,充分满足建设者的日常生活和工作需求。在管理方面,引入了物业管理公司,提供标准化物业服务、社会治安和消防安全管理。在入驻程序方面,仅需要审核建设项目来源和人员情况,手续办理简单便捷,实现拎包入驻,最快 1 天入场,大大节约了企业的时间、物料和人力成本,便于企业"轻装上阵"。

集中临建区坚持公益导向、保本微利、优惠收费,实现可持续运营。一方面,入驻企业以往多自建用房,意愿承租价格较低,集中临建区收费标准不宜过高;另一方面,如果亏损经营则会造成财政或国企负担,不利于集中临建区持续运营发展。因此,在坚持公益性的前提下,根据实际成本和运营情况,以保本微利的原则合理制定收费标准,对入驻企业实行优惠收费。前海集中临建区在探索过程中,初期收费较高,后通过减免用地费用等方式,逐步降低收费标准,增强对建设企业入驻的吸引力。

前海建工苑总占地面积为 56 709 平方米,总建筑面积为 50 294 平方米,整体容积率为 0.88,绿化率为 0.12。其中一期占地面积为 32 410 平方米,建筑面积约 27 000 平方米,二期占地面积为 24 299 平方米,建筑面积约 23 294 平方米。一期已于 2017 年 2 月完工并投入使用,共迎来 4 000 多名前海建设者入住。

2. 大鹏坝光"工匠村"项目

坝光片区 2014 年开展全面规划,经一年多时间精心筹建,自 2016 年起正式拉开大规模开发建设的序幕,整个片区进入规模化、实质化的建设阶段。然而,随着片区开发建设活动的日益增多和密集,坝光片区面临着和前海合作区同样的问题,建设者的居住环境难以得到保障。

为了集约利用土地,同时为建设者们提供更好的配套服务,大鹏新区通过办理临时用地手续,对片区建筑工人板房进行统一规划、集中建设,以"工匠精神"打造一个"舒适、智能、安全、科技"的建设指挥部,获得了区内人员的一致好评。坝光"工匠村"位于片区内核坝路与环坝路之间,是大鹏新区首个集中开发、组团式、大规模施工临建区,总用地面积 84 860 平方米,建筑面积 37 780 平方米,绿化率达 38.96%,可满足约 3 500 人住宿、生活和办公需求,并配备 285 个停车位。

大鹏新区在整个项目规划设计中充分挖掘坝光湾区文化以及山水特色。项目以岭南传统建筑"院落"为主要元素,分为办公区和生活区,房屋错落有致,各项目指挥部围绕中心广场形成了坝光建设指挥部。同时,园区内实行智能化统一管理,包括智能会议系统、智能门禁系统、入侵报警系统等,同时自动化回收利用雨水、污水、垃圾等,节约资源、节约能耗,将成为新区政府投资项目临时建筑群的标杆。此外,园区内规划有便利店、商铺、餐厅、社康中心、邮政、银行、篮球场、公交站接驳等生活配套,使园区内管理人员、居住人员的生活更加丰富、便利。

深圳大鹏坝光片区作为深圳国际生物谷的核心启动区,培育着深圳新的经济增长极,未来将成为全市加快建设现代化国际化创新型城市的重点开发片区,也将是全市规划建设的十大未来产业集聚区之一,对大鹏新区构建绿色高端产业体系有深远的意义。

（二）服务急需的公共服务配套设施类

1. 梅丽小学校舍腾挪项目

随着深圳的高速发展,中小学适龄人口激增,现有校园建筑严重不足。而在原校址上拆改扩建的"一边教学一边施工"的局面,严重干扰教学秩序,且存在安全隐患。为破解这一难题,福田区创造性提出了"异地腾挪"的模式,在待扩建学校附近寻找零星的政府储备土地,通过办理临时用地审批手续,获得2~4年的土地临时使用权。在临时用地上,以装配式建筑体系快速建设过渡性校舍,全体师生在老校园改扩建期间全部迁至过渡校园。待老校园扩建完成后,拆除过渡性校舍并返还土地使用权。

2018年3月,福田区审批通过了梅丽小学临时用地和临时校舍方案。腾挪临时学校的建筑安置于梅林片区卓悦汇东侧地块,面积约10 000平方米,并要求采用标配方式,既要环保、舒适,又要保证消防结构安全,争取重复利用,尽量不要对临时用地造成重大破坏,体现可持续理念。同时,一起通过审批的还有石厦学校小学部、新沙小学两所学校的临时用地和临时校舍方案。其中石厦学校小学部临时用地面积11 060平方米,新沙小学临时校舍面积约6 424平方米。

在校舍建设方面,梅丽小学腾挪校舍项目由深圳市特区建工集团利用装配式技术建设环保优质、可拆卸回收的轻型建筑产品,实现了可拆卸、可移动、可组装,能够实现以空间换时间,有效发挥土地价值。项目主体仅用了4个月时间就顺利完工,将建设周期压缩到极限。校舍共2层,总建筑面积约6 000平方米,可以通过灵活的隔墙和设备体系布置实现各种功能,整个学校的办公室、机房、特殊教室以及卫生间等不同功能单元的搭建都能通过不同的隔墙满足使用需求。在建造方式上,借鉴传统木构的"层摞层"的建造方式,极大提升效率。此外,还利用BIM信息化工具进行全程管控,保证项目能在建设周期短、工程预算紧的情况下顺利完成。

梅丽小学项目作为轻型钢结构装配式建筑体系在城市校园建筑上的探索,不仅通过创新用地方式,解决了急需的公共服务需求,还证明了轻型钢结构装配式建筑体系也可以满足高品质的公共建筑使用需求,并改变了人们对其临时性、低端化的传统认知。在土地短期利用的背景下,建筑也需要变得"短命"而不是"永恒"。该项目还是全国首创的"校舍腾挪"模式,吸引了香港、上海、德国等 10 余批国内外考察团学习,为城市弹性、可持续发展提供了更多创新路径。

2. 南山区桃源足球公园项目

南山区桃源足球公园也是通过办理临时用地审批手续,解决急需公共服务设施需求的典型案例。桃源足球公园地块作为政府储备用地,占地面积约 3.15 万平方米,所在位置原为二手车交易市场,长期以来存在环境嘈杂、脏乱差等问题。因此,南山区于 2020 年通过创新土地利用模式,探索临时用地审批方式,将该地块建设成含 1 片 11 人制天然草足球场和 5 片 8 人制人造草足球场的社区群众足球公园,已于 2021 年 3 月 28 日正式面向社会投入使用。

桃源足球公园本着满足辖区居民日益增长的体育锻炼需求理念,通过政府与社会力量合作,引入深圳市朝向集团投资,集公益性和经营性于一体,为市民提供国内一流的体育运动场所,送上高水平的公共文体服务。桃源足球公园建设造价为 1 600 万元,融环保与高科技于一体,天然草足球场的草种具备常绿及耐践踏特性,比同类暖季型草种节水 38%。地下还安装了运动场根层通风和温度调节系统,保证草坪一年四季常绿,暴雨时可增加 30 倍的排水速度,能在大雨过后 20 分钟进行正常训练和比赛。

目前,桃源足球公园已入选住房和城乡建设部、国家体育总局城市社区足球场地设施建设试点"闲置空间利用类"案例,今后还将积极承办各类赛事活动,打造具有示范意义的城市社区足球场地设施,树立深圳市乃至全国的社区足球场新标杆。

(三) 组织开展到期未收回临时用地专项清理行动

截至 2019 年 5 月,深圳市到期未收回临时用地共 552 宗、土地面积达 4.44 平方千米,临时用地违法问题亟待解决。为加快国土空间提质增效,实现高质量可持续发展,建立临时用地审批监管长效机制,有效防止国有土地资产流失,深圳市于 2020 年 4 月印发《深圳市到期未收回临时用地处置专项行动方案》,部署开展到期未收回临时用地专项清理行动,并明确了"清场收回临时用地""按现状重新申请临时用地""完善建设用地供地手续"三大处置路径。其中,清场收回临时用地的,纳入国有土地储备库;按现状重新申请临时用地的,根据不同情形完成相关审批、签订临时用地使用合同或临时用地使用合同补充协议等手续;完善建设用地供地手续的,须符合规划、供地政策,供地方案需经各区政府审批通过。

以深圳市龙岗区为例,在这场专项行动中,累计清理到期未收回临时用地 179 宗、土地面积 187.71 万平方米,其中就包括位于宝龙街道的深圳市国富安实业发展有限公司久拖不决长达 23 年到期未收回的临时用地。在推进该宗地处置过程中,深圳市国富安实业发展有限公司拒不交还到期临时用地,通过立案调查,发现该公司还存在非法转让、倒卖土地使用权行为,涉嫌违法犯罪。面对该情形,龙岗区启动联动机制,组建了由规土监察、公安、检察等部门和街道办组成的查处队伍,从深圳市国富安实业发展有限公司犯罪过程着手,梳理收集相关材料,固定证据,成功将涉嫌非法转让、倒卖土地使用权的"国富安"案件移送司法机关处置,最终通过强制收回的方式,将长达23年到期未收回的临时用地纳入土地储备库。

四、小结

总的来看,在深圳市四十多年的城市建设发展历程中,临时用地这一特殊的用地方式发挥了重要作用,不仅保障了产业、居住、公共服务设施和基础设施等重大项目建设,支撑了特区建设进程,还在一定程度上解决了急需的公服设施需要,"另辟蹊径"地促进了补齐民生设施短板。由于具有使用期限短、地块规模小、成本相对较低、办理流程快等特点,临时用地方式受到用地主体的广泛青睐。但值得注意的是,正是临时用地方式具备的这些灵活性特征,导致在实践中出现随意扩大范围和反复无限续期的现象,比如长期占有临时用地开展临时商铺、农贸批发市场、二手车交易市场等经营性活动,甚至存在建设永久设施、导致永久占用临时用地等情况,严重偏离了临时用地的初衷。

随着国家层面对临时用地的进一步规范管理和管控,深圳市也逐步推进临时用地管理的制度化与规范化,持续完善相关政策,特别是对适用范围和使用期限进行了严格限制,同时将审批和管理权限统一归至市级层面,更加强化了临时用地的统一管控。因此,可以预见未来很难再通过临时用地的方式满足学校和文体设施这类急需的公共服务设施建设。而临时用地本身也要趋于从严管理,对临时用地的选址、规模、用途等必要性和可行性进行充分的论证,并落实好全过程监督管理,对建设行为进行严格规范,确保临时用地能够按期收回,实现良性循环和可持续发展,更好地推动国土空间提质增效。

第四节 中短期土地利用探索——土地租赁

一、背景情况

土地租赁是土地出让方式的重要补充,其显著特征是时间灵活、规则简单、门槛较低,因此也是本书重点探讨的土地短期利用方式之一。深圳市在政策层面将土地租赁划分为长期租赁和短期租赁,其中短期租赁年限不超过5年,与国家保持一致,只能用于急需的公共服务设施建设;长期租赁不少于5年且不超过20年,用于工业及其他产业用途。深圳也在土地供应的系列综合和专项政策中对土地租赁作出了明确规定,并针对国有建设用地短期租赁出台了专项政策。而在实践中,深圳土地租赁案例较少,仅有前海合作区创新实施了15年以内的土地租赁,在全国率先探索1.5级土地开发模式,快速盘活了片区土地资源,加快了要素聚集和人气提升,并成功推出了深港青年梦工场、前海国际会议中心、前海展示厅等具有影响力的土地租赁项目,成为前海对外展示形象的窗口。同时,前海还探索制定了土地租赁政策文件,并结合发展情况进行了动态修订,成为前海合作区土地租赁项目实施的有力依据。总体来看,深圳在土地租赁方面的政策相对完备且创新,同时开展了一些极富特色的地方实践,为完善土地供应体系提供了"深圳样本"。

二、深圳及前海土地租赁制度设计

深圳市关于土地租赁的相关政策规定可以追溯到2012年的《深圳市土地管理制度改革总体方案》,该文件的发布标志着深圳土地制度进入了新纪元。该文件明确指出要实行差别化土地供应,健全国有土地使用权供应体系,探索租赁、作价入股等土地有偿使用方式。但此后,由于土地租赁的需求较小,所以深圳并未大规模推行土地租赁实践,也未出台土地租赁的专项政策,仅有前海合作区制定出台了土地租赁专项政策,并且在合作区范围内封闭运行。具体政策情况见表4-2。

表4-2 深圳市土地租赁相关政策一览表

序号	年份	政策名称	相关内容
1	2012	《深圳市土地管理制度改革总体方案》	提出要探索土地租赁等有偿使用方式
2	2017	《深圳市前海深港现代服务业合作区土地租赁管理办法(试行)》(深前海〔2017〕7号)	对前海合作区范围内土地租赁的适用情形、办理程序、期限、地价计收、权利限制、建设要求、土地收回等全周期进行了全面系统规定
3	2018	《深圳市人民政府关于完善国有土地供应管理的若干意见》(深府规〔2018〕11号)	将"土地租赁"与"土地出让"并列,纳入土地供应体系,并分为长期租赁和短期租赁,作了细化规定
4	2019	《深圳市工业及其他产业用地供应管理办法》(深府规〔2019〕4号)	提出重点产业项目用地可以采取招标、拍卖、"带产业项目"挂牌出让(租赁)或者先租后让方式供应
5	2019	《深圳市前海深港现代服务业合作区土地租赁管理办法(试行)》(深前海规〔2019〕6号)	在2017年版前海合作区土地租赁管理办法的基础上,进一步延长了租赁期限
6	2021	《深圳市国有建设用地短期租赁管理办法》(深规划资源规〔2021〕7号)	对深圳市内国有建设用地短期租赁的适用范围、部门职责分工、租赁规则、审批程序、监管机制进行了全面系统规定

(一)深圳市土地租赁政策解析

2018年,为深化土地管理制度改革,拓展土地供给方式及路径,深圳市出台了《深圳市人民政府关于完善国有土地供应管理的若干意见》,提出建立以产权为导向的土地供应体系,构建了包括划拨、出让、租赁、作价出资、临时用地等方式在内的土地使用方式。关于租赁,提出将土地租赁分为短期租赁和长期租赁,其中短期租赁适用于经市政府批准、由社会主体组织实施的急需公共服务设施项目这一情形,租赁期限不得超过5年;长期租赁则适用于工业及其他产业用地,需要以招标、拍卖、挂牌等方式确定承租人,租赁期限不少于5年且不超过20年。但是该政策明确以租赁方式取得的建设用地不得转让、转租或抵押,严格限制了土地租赁的权利流转。

2019年,为推动产业转型升级,深圳市出台了《深圳市工业及其他产业用地供应管理办法》,提出重点产业项目用地可以采取招标、拍卖、"带产业项目"挂牌出让(租赁)或者先租后让方式供应,租赁期限不少于5年且不超过20年。同时,该政策还规定了租赁期内,承租人可以申请承租土地转出让,通过履约考核的,以协议方式出让土地使用权;租赁期满前,承租人可以提出续租申请,续租年限不得超过20年,并重新签订租赁合同。

2021年,深圳市规划和自然资源局发布了《深圳市国有建设用地短期租赁管理办法》,为社会投资主体组织实施的急需公共服务设施项目"安家落地"提供了路径和规范(表4-3)。该办法构建了深圳市国有建设用地短期租赁申请、审批、使用、监管、收回的全链条管理机制,明确了短期租赁管理规则,对规范国有建设用地短期租赁活动、健全土地供应管理体系起到了重要作用。

表4-3 深圳市国有建设用地短期租赁相关要求

序号	要点	具体内容
1	适用范围	急需的公共服务设施用地,具体包括:电动车充电站、公交场站等交通设施用地,混凝土搅拌站、环卫车及洒水车停车场、瓶装燃气站、建筑物废弃物综合利用厂、再生资源回收分拣场所、垃圾转运站等公用设施用地
2	使用期限	不得超过5年;可续租一次,续租年限不得超过3年
3	审批程序	项目可行性论证→筛选项目实施主体→短期租赁用地规划研究论证→短期租赁用地申请→编制短期租赁用地供应方案→核发批复→一次性缴纳租金→签订短期租赁合同
4	权利限制	土地及地上建(构)筑物不得转让、转租或抵押,不予办理不动产登记;不得改变土地用途和设施类型及功能
5	建设要求	符合临时建筑相关管理要求,设施使用期限与短期租赁用地期限一致,并要依法取得临时建设工程规划许可证,按许可内容进行建设
6	提前收回	因政府实施城市规划需要、公共利益需要或未按短期租赁合同约定使用土地、要求限期改正且逾期不改正的,可提前收回土地

(二)前海合作区土地租赁政策解析

前海合作区实行土地租赁这一短期利用方式,与特定的发展阶段和背景有着密切关系。2013年,前海合作区成立初期,前海管理局在印发的《深圳市前海深港现代服务业合作区土地供应暂行办法》(深前海〔2013〕83号)中,就明确将土地租赁纳入前海合作区土地供应体系,提出短期使用或用于修建临时建筑物的土地,可以实行租赁,年限为5~20年,以招拍挂的形式公开确定用地主体和租金,但前海管理局可通过协议的方式将土地租赁给其全资子公司。此后,前海合作区正式拉开了土地租赁实践的序幕,涌现了一批土地租赁项目(图4-1)。

图4-1　前海合作区土地租赁项目

2017年,前海合作区在前几年实践探索的基础上,在全市率先出台了专门针对土地租赁的规范性文件——《深圳市前海深港现代服务业合作区土地租赁管理办法(试行)》(深前海〔2017〕7号),为土地租赁项目的开展提供了具体操作指引。

总体来看,前海合作区近年来结合片区发展实际,创新制定土地租赁政策,指导土地租赁项目实践开展,其成功经验已被东莞、青岛和雄安新区等借鉴学习,并形成了地方相关规范性文件,为丰富和完善土地供应制度贡献了前海经验(表4-4)。

表4-4 前海合作区土地租赁相关要点

序号	要点	具体内容
1	定义	前海合作区土地租赁,是指前海管理局将土地出租给承租人使用,由前海管理局与承租人签订一定年期的土地租赁合同,承租人支付租金的行为。同时,前海土地租赁是一项过渡性的土地有偿使用制度安排,是对土地出让的补充,提出要严控土地租赁规模,与土地出让形成良性互补、错位发展的格局,确保土地租赁封闭运行、结果可控
2	情形	前海规定了可以实行土地租赁的情形,主要包括保障前海合作区开发建设的配套服务项目、急需引进的提供高品质公共服务和优质生活环境的项目和促进高端产业和高层次人才加快集聚的项目。同时,明确居住用地不得实行土地租赁
3	期限	2017年,前海在租赁办法中明确土地租赁期限最短不少于5年,最长不超过10年; 2019年,为了打造更好的营商环境,前海对土地租赁政策进行了修订,将土地租赁期限上限延长至15年; 2020年,在新修订的合作区条例中,将租赁年限进一步延长至20年。至此,前海合作区形成了5~20年的土地租赁模式
4	权利	前海土地租赁政策仅赋予承租人占有、使用和收益的权利,并未见转让、转租和抵押等处分权
5	地价	前海明确对于公益性项目实施租赁或投资来源为全额财政资金的,予以免除租金;而对于营利性项目实施租赁的,则采用剩余法测算租金,即开发价值扣除开发成本和开发商合理利润,剩余值即为用地租金
6	收回	前海对租赁土地的无偿收回、提前收回和强制收回等情形,以及相关的处罚措施、补偿标准均进行了详细规定

三、深圳及前海土地租赁实践和案例

(一)企业公馆项目:商业办公类

1. 项目背景

深圳前海深港合作区成立之初,相当一部分土地已经出让,土地资源极为珍贵。一方面,区域开发处于起步阶段,发展重心、意图都相对模糊。另一方面,在前海注册的企业平均每天达10家左右,截至2013年9月底,注册入区企业已达1 800多家,但此时前海合作区基础设施建设正在展开,并没有写字楼提供给入驻企业使用,因此土地资源精准配置成为前海必解之题。为满足已入驻企业迫切的办公需求,打造前海未来工作生活模式的示范区,原深圳市前海开发投资控股有限公司(以下简称前海投控)申请租赁了前海合作区荔湾片区第十一单元内的土地,用以建设前海企业公馆。

2. 基本情况

前海企业公馆位于前海合作区内荔湾片区,月亮湾大道与前海一路交会处,与香港隔海相望,同时紧邻前海管理局综合办公楼,与前海深港青年梦工场仅一路之隔,拥有丰富的资源和成熟的办公氛围。项目总建筑面积约为6万平方米,容积率约为0.6,

建筑层数以 2、3 层为主。整个项目分为特区馆区和企业公馆区，包含一座约 1 万平方米的特区馆、36 栋建筑面积 200～1 600 平方米不等的企业公馆、一座约 3 300 平方米的商务中心、约 3 000 平方米的商业配套以及约 6 000 平方米的半地下停车场（图 4-2）。

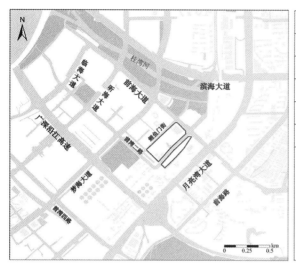

图 4-2　前海企业公馆项目

前海企业公馆是前海首个 1.5 级开发项目，也是国内首个公募 REITS 基金——鹏华前海万科 REITS 的项目，对于国内的 1.5 级开发模式探索有较大的意义。前海投控作为前海开发建设主体单位和规划落地执行单位，负责前海合作区内土地一级开发、基础设施建设和重大项目投资等。为了精准配置土地资源，前海投控通过招标与万科企业股份有限公司合作前海企业公馆项目。前海企业公馆的供地开发运营模式分为两个阶段：

第一阶段：2013年，前海投控申请租赁前海合作区荔湾片区第十一单元内9.32公顷的土地，租赁期限为10年，自2013年至2023年，用途为临时商业性办公用地，用以建设企业公馆。地上建筑物为模块化临时建筑，便于后期回收。土地租赁期间免收租金，十年到期后续期需要缴纳租金。租赁期间不得改变用途和转租，因生产需要，可以依法出租土地上的临时建筑。

第二阶段：前海投控通过公开招标，以BOT的形式与深圳万科合作成立项目公司，即深圳市万科前海公馆建设管理股份有限公司。项目于2013年9月5日正式开工，当年年底一期展示区开始对外开放，2014年12月全部完工。BOT协议有效期为八年，由万科负责项目融资、建设、运营，享有收益权。万科以零租金获得土地进行开发建设，但开发利用受到规范，约定园区投资强度1.5万元/米^2，总投资约8亿元。此外要求不得转让项目股权，所有公馆只租不售、租约最短时限3年。万科通过八年的运营回收项目投资，并在八年后将项目无偿移交给前海投控。

前海企业公馆项目建成后，很快就显示出1.5级开发的优势。前海企业公馆项目从中标到开园只用了475天，而前海合作区的大部分物业很多都要等到3年以后才能交付使用。大量入驻自贸区的企业，尤其是来自香港和海外的金融企业急于寻找办公地点，所以前海企业公馆项目很快实现100%满租，入驻的企业群星云集，包括亚洲保理、渣打银行、汇丰银行、前海证券、农业银行、工商银行、平安银行、华银基金、中国移动、中国电信、中集、碧桂园、葛洲坝、首创证券等，最高峰时园区的租金水平同深圳福田CBD甲级办公物业不相上下。

前海企业公馆是前海合作区以租赁土地进行1.5级开发的首个项目，在缺少配套政策的背景下，以满足实际需求为导向，先行先试，大胆创新，构建起以1.5级开发为重点的"梯级土地开发模式"。

3. 项目特色

整个企业公馆园区采用了低碳园区的理念，使用了人工湿地技术等多项绿色技术，拥有深圳少有的低密度绿色低碳公园式办公环境。在建筑以及空间设计上，打破封闭，营造了更多开放的公共空间。每一栋公馆办公空间灵活，可拼合、可拆分，用途多样，可办公、可展示，企业无论大小、人数多少、功能需求如何，均可得到理想的利用。

在企业公馆的招商工作中，注重引进港资企业、标杆引领型企业，使企业公馆在前海形成更强的标杆示范效应。其中金融业占据绝对支配地位，除银、证、保、公募基金等传统金融业态外，大量PE公司、公募基金子公司、互联网金融、保理、小额贷款、要素交易市场等新型金融业态竞相出现,基本形成了创新支撑、良性循环、自我生长的金融生态圈。与上海自贸区相比,前海同样具有保税、自由贸易优势,同时更加强调深港合作理念,使港资企业在内地开展创新型业务有更大的空间。

(二)深港青年梦工场项目:孵化器类

1. 项目背景

为了做好港澳青年交流、实习、创业、就业等方面工作,2013年12月7日,由前海管理局、深圳青联和香港青协三方发起成立前海深港青年梦工场。2018年10月24日,习近平总书记在前海调研期间,接见了梦工场5家创业团队代表,并给予"梦工场是圆梦的地方"的高度评价。

2. 基本情况

前海深港青年梦工场(以下简称"梦工场")是大前海开发中继前海企业公馆之后的第二个项目,定位为青年创业孵化器。梦工场是以政府为主导,财政性资金全额投资的公益性、非营利性项目,委托企业开展运营管理和服务。梦工场由前海投控申请租赁土地,一期租赁3.91公顷,期限为8年,自2014年至2022年;二期租赁0.97公顷,期限为10年,自2018年至2028年(图4-3)。

梦工场作为前海1.5级开发的另一成功案例,通过租赁方式进行短期土地供应,进行过渡建筑建设,拉动区域土地价值增长,实现了政府、企业和社会的多方共赢。

3. 项目特色

梦工场具备企业"初创—加速—成熟"发展全周期的空间,为成长性好、创新性强、发展佳、潜力大的企业、科研机构的成果转化提供空间,助力企业实现"从1到10"的加速发展。该项目具有三大特色:一是公益项目市场化运作,引入了香港X科技创

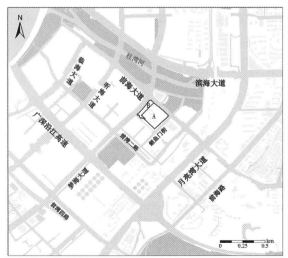

图4-3　前海深港青年梦工场项目

业平台、港科大蓝海湾、IDG、香港青年专业联盟等十几家孵化载体,为园区创业者提供叠加的创业服务;二是港人港味港服务,引进了港式物业、住宿等配套服务,同时还依托前海管理局、深圳青联和香港青协三方成立了梦工场运营指导委员会,搭建了梦工场常态化深港合作管理机制;三是金融服务全覆盖,充分发挥前海金融机构集聚优势,为创业青年提供全方位的金融支持。

梦工场以现代物流业、资讯服务业、科技服务业、文化创意产业及专业服务为重点,同时支持金融、财会、法律等专业服务领域创业,培养具创新创业意念的18~45岁青年,为创业者们提供优质的资源和服务,旨在建设国际领先的世界青年创新创业中心。

（三）国际会议中心项目:公共服务设施类

1. 项目背景

前海国际会议中心是前海合作区"一号工程",是响应国家建立梯级土地供应利用机制的一次创新探索,满足前海及粤港澳大湾区商务、政务、国际交流等需要的高端专业复合型会议场馆,将成为粤港澳大湾区的"城市会客厅",进一步优化提升前海营商环境。

2. 基本情况

前海国际会议中心由前海规划落地的法定主体——前海投控负责建设运营。项目位于前海合作区,前海大道以北,紫荆园以东(图4-4),是前海投控以3 800万元竞得的前海合作区的首宗租赁用地,也是前海合作区第一个以招拍挂形式开展土地租赁的项目。土地面积2.43公顷,土地用途为公共管理与服务设施用地,租赁年限自2019年至2034年,共15年。项目总建筑面积约4.055万平方米,建筑高度23.6米,其中二层主会议厅门式刚架跨度达45米,高度15米。项目于2019年6月24日正式开工,2020年6月24日完成竣工验收,建设周期366天。

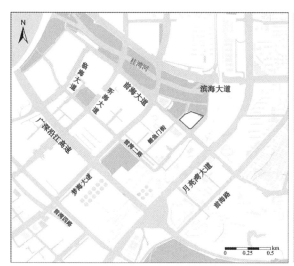

项目名称	前海国际会议中心
土地面积	2.43公顷
建筑面积	4.055万平方米
用途	公共管理与服务设施
使用期限	15年
租赁期限	2019年至2034年

图4-4 前海国际会议中心项目

3. 项目特色

该项目建筑设计灵感取自中国传统建筑琉璃瓦屋顶形式,外观上与岭南民居瓦片屋顶如出一辙。屋顶营造出的建筑"灰空间"将柔和的自然光带入会议中心室内,同时与外部环境巧妙融合。该项目先后获得首届全国钢结构行业数字建筑及BIM应用大赛特等奖、第三届"优路杯"全国BIM技术大赛金奖、第十三届广东省土木工程詹天佑故乡杯奖、2020—2021年度中国建设工程鲁班奖。前海国际会议中心作为前海重要城市客厅,为前海再添会展文化地标,助力前海建成具有世界先进水平、中国气派的国际化城市新中心。

(四)山姆旗舰店项目:商业类

1. 项目背景

2020年11月26日,前海管理局与沃尔玛(中国)投资有限公司在前海举行《前海山姆旗舰店项目合作协议》签约仪式,拟引进山姆旗舰店落户前海,并将其打造为粤港澳大湾区乃至亚太地区销售模式领先、影响力大的旗舰店。前海山姆旗舰店项目是深圳2020年全球招商大会的重点项目之一,也是前海为打造深圳国际消费中心城市核心商圈引进的第一家高端仓储式零售品牌店。

2. 基本情况

前海山姆旗舰店项目(图4-5)位于桂湾片区,用地以挂牌方式公开租赁取得,土地用途为商业用地,用于建设以零售、贸易为主的综合型商业项目。用地租赁年限自2021年至2041年,共20年。该土地面积2.68公顷,总建筑面积29 998平方米,综合楼面单价11 567.44元/米^2,租赁成交价格为3.47亿元,并一次性付清20年土地使用权租赁价款。该项目采取定制化开发模式,由深圳市前海建设投资控股集团下属的深圳市前海桂湾商置发展有限公司建成后租赁给山姆经营,项目已于2023年6月底正式开业。

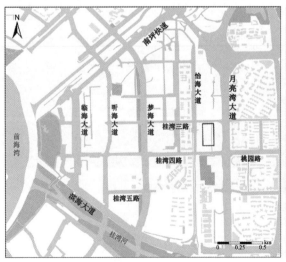

项目名称	前海山姆旗舰店
土地面积	2.68公顷
建筑面积	约3万平方米
用途	商业
使用期限	20年
租赁期限	2021年至2041年

图 4-5　前海山姆旗舰店项目

3. 项目特色

该项目针对前海商圈特性，配套包括特色餐饮、高端服务、亲子体验、生活方式等区域的超大商业布局，通过超大的购物空间、丰富的互动区域，为消费者提供独特的购物体验，打造前海高品质商业综合体。前海山姆旗舰店作为行业引领、模式领先的前海地标商业项目，对提升前海国际化城市新中心功能、提升商圈能级、引导高端零售资源加速聚集、推动深圳建设国际消费中心城市有重要意义。

四、小结

土地租赁作为土地出让方式的重要补充，是我国土地供应制度体系的重要组成部分。从实践来看，20 世纪 70 年代末 80 年代初，深圳就率先探索土地租赁并收取土地使用费等有偿使用方式，支撑了蛇口工业区、罗湖商业区和福田中心区等片区的建设发展。这种探索大胆突破了以往国有土地无偿、无期限、无流动的单一行政划拨制度，继而到公开出让土地使用权，迈出了土地使用制度改革的步伐，并对全国土地有偿使用制度的建立产生了积极而深刻的影响。通过早期深圳在土地租赁方面的探索，政府将土地资本化，不断积累资金，揭开了土地改革和城市快速建设的序幕，也成功地实现了地租理论在特区的运用。

随着经济社会发展进入新的历史时期，土地租赁的内涵和特征发生了新的变化。

相较于传统的土地出让,土地租赁年期较短,可以分期缴纳租金,更加灵活、高效。为此,深圳前海通过创新实施20年以内的土地租赁模式,充分发挥了土地租赁在推动城市过渡性开发方面的优势,利用较短时间迅速建设一批展示前海形象、集聚人气要素、满足发展需要的短期利用建筑,实现城市高质量可持续发展,也为全国类似新开发建设区域提供了样板和标杆。同时,深圳也率先探索并建立了5年以内的国有建设用地短期租赁制度,并制定了详细的操作规则,为破解公共服务设施用地难瓶颈提供了一个灵活的路径。同时,为了应对类似临时用地在实践中存在的风险,短期租赁这一方式更应注重严格审批和加强监管,避免"请神容易送神难"等问题,确保既能解决实际需求,又能按期收回用地,这对政府和用地主体双方都提出了更高的要求。

总之,深圳在土地租赁方面的探索,可以视作深圳逐步完善有偿使用制度的丰富实践。未来随着城市发展建设的推进,可能产生更多新的土地租赁需求,这也将对土地租赁的灵活性提出更高要求。

第五节 产业用地弹性出让的制度探索

一、背景情况

深圳自建市以来,一直在国有土地使用权有偿使用制度方面先试先行,弹性出让即是对国有土地使用权有偿使用制度中关于土地使用年限的创新探索,主要针对产业用地的供给。自21世纪初以来,随着经济发展和城市化进程的加快,深圳市土地资源日趋紧缺,产业用地保障与供给愈加困难。然而,大部分工业企业的生命周期大大低于现行的土地使用权最高出让年限,这种不匹配造成了土地资源紧张与土地利用低效并存的现象,十分不利于社会经济的良性发展。为进一步提高建设用地节约集约利用水平,实现用地供应与产业发展的协调共赢,深圳着手探索产业用地弹性出让制度。经过十几年的探索和发展,目前深圳市已经建立了较为完善的产业用地弹性出让制度体系,并持续进行优化完善。

二、深圳弹性出让制度设计

从2008年起,深圳市开始探索土地弹性出让相关制度,经过一些实践和摸索后,2012年开始着手设计土地弹性出让的政策与制度,到2016年已基本形成规范,

2019年后又进一步完善和深化,其间主要的摸索和政策如表4-5所示。

表4-5 深圳市土地弹性出让的主要探索

序号	时间	相关探索及政策
1	2008年	开展座谈会,提出探索实行土地弹性年期制度
2	2009年	对电厂和物流产业用地实施弹性出让
3	2012年	1.《深圳市土地管理制度改革总体方案》(深发〔2012〕3号):对产业用地的供地方式和供地年限探索实行差别化管理,并建立操作规范。 2.《〈深圳市土地管理制度改革总体方案〉近期实施方案(2012—2015年)》:实行差别化土地供应和地价管理标准。重点结合产业转型升级需要,以前海深港现代服务业合作区、《深圳市国民经济和社会发展第十二个五年规划纲要》确定的12个战略性新兴产业基地为试点,在供应方式、供地年限、地价标准等方面完善差别化供地政策
4	2013年	1.《深圳市人民政府关于优化空间资源配置促进产业转型升级的意见》(深府〔2013〕1号):按照产业转型升级的要求,完善产业供地预申请制度,对不同产业用供给方式和供地年限实行差别化管理,进一步提高土地供应的针对性、导向性和有效性。 2.《深圳市规划和国土资源委员会关于印发〈深圳市宗地地价测算规则(试行)〉的通知》(深规土〔2013〕12号):土地使用年限按商业40年、办公40年、住宅70年、工业30年。 3.《前海深港现代服务业合作区土地管理改革创新要点(2013—2015年)》:前海将实行弹性年期制度。 4.《深圳市前海深港现代服务业合作区土地供应暂行办法》:第五条 前海管理局应当适应前海深港合作区开发建设和现代服务业发展要求,综合运用弹性年期、集约奖励、需求管制等调节工具,实施差别化土地供应和地价政策
5	2016年	《深圳市工业及其他产业用地供应管理办法(试行)》(深府〔2016〕80号):第十三条 工业及其他产业用地实行弹性年期供应制度
6	2019年	《深圳市工业及其他产业用地供应管理办法》(深府规〔2019〕4号):第二十一条 工业及其他产业用地实行弹性年期供应制度
7	2020年	《深圳经济特区科技创新条例》:第七十三条 市、区人民政府可以实行用地弹性年期供应制度,根据科技创新相关政策和产业发展情况、用地单位经营情况,在法定最高出让年期内合理确定出让年期

在早期,深圳市没有针对弹性出让出台相关政策,但该阶段的做法实际上对后续政策制定起到了重要支撑作用,因此有必要对当时的做法进行分析。在2008年,深圳市就在全国率先提出,要探索实行土地弹性年期制度。当年,广东省国土资源厅和深圳市政府联合召开"加快建设现代产业体系土地法规政策座谈会",深圳市相关领导在会上提出,要针对现代产业生命周期的特点,探索实行土地弹性年期制度。当时,主要的想法包括三点:一是针对现代产业生命周期的特点,对现代产业用地的出让年期不再统一采用最高年期,而是根据不同产业的生命周期、企业规模和行业政策来确定合理的用地出让年期;二是现代产业用地出让期到期时,政府再根据实际需要决定是否给予续期;三是在选择年期"多长"方面,给企业一定的自主空间,但通过约定条件和经济杠杆进行合理引导。

2009年,深圳市针对电厂和物流产业用地进行弹性出让探索,部分用地实施了弹性出让,这是深圳市土地弹性出让最早的实践案例。当年,深圳市结合特殊产业需求,根据电厂用地的剩余年期,将用于电厂灰渣处理场的1宗用地的出让年期定为34年,解决了电厂灰渣处理场建立的相关事宜。同时,根据物流产业的特点,将位于龙岗区平湖物流产业园的7宗物流用地的出让年期定为30年,有力支撑了平湖物流产业园的建设和发展。

在2008—2012年这段时期,深圳市对土地弹性出让的探索以点状实践为主,主要是为了解决产业发展的一些特殊需求,没有在政策层面进行相关规定,具有一定的时代特殊性。但是可以看到,这种实践符合当时产业发展和城市建设的趋势规律,切实解决了实际问题,也为后续土地弹性出让政策制定提供了较为丰富的经验与支撑。

2012年,深圳市出台《深圳市土地管理制度改革总体方案》(深发〔2012〕3号),并制定《〈深圳市土地管理制度改革总体方案〉近期实施方案(2012—2015年)》,提出对产业用地的供地方式和供地年限探索实行差别化管理,并建立操作规范。这是深圳市首次在规范性文件中提出对供地年限探索实行差别化管理,但并未直接提出"弹性年期"或"弹性供应"。

2013年1月,深圳市政府出台《深圳市人民政府关于优化空间资源配置促进产业转型升级的意见》(深府〔2013〕1号),并出台配套的6个文件,再次提出对供地年限探索实行差别化管理。该意见规定:按照产业转型升级的要求,完善产业供地预申请制度,对不同产业用地供给方式和供地年限实行差别化管理,进一步提高土地供应的针对性、导向性和有效性。特别是,作为该意见配套文件的《深圳市宗地地价测算规则(试行)》(深规土〔2013〕12号),就各类用地的供应年限做出了明确的规定:土地使用年限按商业40年、办公40年、住宅70年、工业30年。这是深圳市首次在政策层面明确提出工业用地的出让年限最高为30年,而且不设下限,这一规定契合深圳实际,体现了"节约集约"用地,为后续工业用地出让制度的建立和完善进一步奠定了基础。

同年4月,深圳市政府批复了《前海深港现代服务业合作区土地管理改革创新要点(2013—2015年)》,明确提出"实行弹性年期制度",这是深圳市首次在政策文件中明确提出"弹性年期"。该政策提出要探索建立差别化的土地供应新模式,适应前海深港合作区战略定位和现代服务业发展要求,深化土地供应和土地有偿使用制度改革,综合运用弹性年期、集约奖励、需求管制等调节工具,丰富供应方式、增强供给弹性,满足产业发展差异化、多样化的用地需求,形成差别化、多层次的土地供应市场和规范化的操作模式。其中,对弹性年期制度做出了较为明确的规定,具体为:深化土地批租制度改革,区分自用或出售两种情况。自用部分,可以分期出让、分段计收地价方式供地,根据产业特点和拟引进项目情况,合理确定首段年期和分段年期安排;出售部分,按法定最高年限出让。土地使用期限届满申请续期的,经评审符合前海产业政策的可以续期。但是,后续前海并未进一步出台相关政策,明确"弹性年期"的具体实施办法。

2013年6月25日,《深圳市前海深港现代服务业合作区土地供应暂行办法》发布,该办法第五条规定:前海管理局应当适应前海深港合作区开发建设和现代服务业发展要求,综合运用弹性年期、集约奖励、需求管制等调节工具,实施差别化土地供应和地价政策。这一时期,深圳前海对土地弹性出让的探索和实践范围仅限于"自用的产业用地"。该办法首次对弹性年期出让的具体做法做了比较详细的规定,其第六条规定:自用的产业用地,可以分期出让、分段计收地价。首段出让年期可为二十年,后续分段年期为十年。具有重大影响和特殊意义的产业项目用地的自用部分,可按法定最高年限出让。出售部分,按该类建设用地最高年限出让。同时,对分期出让、续期等也做了具体规定,提出:自用的产业用地首段年期届满,符合前海深港合作区产业发展导向、土地出让合同履行到位、企业经营状况良好等条件的,可以在缴交市场地价后续期;未达到续期条件的,前海管理局给予适当补偿后收回土地使用权,对用地和建筑物重新安排。投资强度大、发展前景好的项目,可以在首期出让合同中约定自动续期。土地使用期限届满申请续期的,经评审符合前海产业政策的可以续期。

经过几年的摸索后,深圳市开始进一步完善产业用地弹性出让的政策与制度。2016年,深圳市出台《深圳市工业及其他产业用地供应管理办法(试行)》(深府〔2016〕80号),该办法第十三条规定,工业及其他产业用地实行弹性年期供应制度。这是深圳市首次在全市层面做出明确的政策规定,标志着深圳市土地弹性出让在全市层面正式建章立制。该办法对产业用地的出让年期分两类进行了明确规定:深圳市一般产业项目用地出让期限按照20年确定,重点产业项目用地出让期限可以按照30年确定。相较于国家规定的工业用地最高出让年限50年,深圳市在产业用地出让年限方面迈出了比较大的一步。同时,该办法规定"工业及其他产业用地租赁期限不少于5年且不超过20年。租赁转出让的,出让年期与已租赁年期之和不超过本试行办法规定的出让最高期限",为租赁土地转出让提供了路径。

在上述政策试行三年结束后,深圳市于2019年出台《深圳市工业及其他产业用地供应管理办法》(深府规〔2019〕4号),该办法第二十一条进一步明确:工业及其他产业用地实行弹性年期供应制度。其中,重点产业项目用地出让年限按照30年确定,租赁年限不少于5年且不超过20年,先租后让的,出让年限与已租赁年限之和不超过30年;一般产业项目用地出让年限按照20年确定。2019年的政策关于土地弹性出让的规定,与2016年的试行政策总体一致,但有一些细微的差别,2019年的政策明确提出了"先租后让"这一名词,并要求"先租后让的,出让年限与已租赁年限之和不超过30年"。

2020年8月26日,深圳市第六届人民代表大会常务委员会第四十四次会议通过

《深圳经济特区科技创新条例》,该条例第七十三条规定:市、区人民政府可以实行用地弹性年期供应制度,根据科技创新相关政策和产业发展情况、用地单位经营情况,在法定最高出让年期内合理确定出让年期。这是深圳首次将弹性供应新型产业土地的有效做法上升到法规层面,意味着弹性供应新型产业土地有了法律依据。根据该条例,市、区人民政府可以按照规定采用长期租赁、先租后让等方式供应土地,保障科技创新类产业的用地需求。采用先租后让方式供应土地,企业租赁期满通过验收的,可以依法申请办理土地出让相关手续。

三、深圳弹性出让实践和案例

考虑到深圳市产业用地弹性出让制度从 2016 年以来基本确立,相关做法也具有较强的借鉴意义,这里主要介绍 2016 年以来的土地弹性出让案例,并分为普通出让和先租后让两种类型。

(一)弹性年期出让

1. 一般产业用地出让

深圳市一般产业用地出让的最高年限为 20 年,实践中出让年限基本为 20 年。深圳市 2022 年出让的首宗产业用地即是一般产业用地,该地块宗地号为 G02204—0036,位于深圳市龙岗区宝龙街道,土地用途为普通工业用地,准入行业类别为新一代信息技术产业。该宗地出让总用地面积为 16 861.65 平方米,全部为建设用地,主体建筑物为厂房,建筑容积率不超过 4.6,计入容积率的规划总建筑面积 77 602 平方米,包括厂房 58 202 平方米、宿舍 17 500 平方米、食堂 1 400 平方米、商业建筑 500 平方米。该宗地通过挂牌方式出让,挂牌起始价 7 480 万元,由深圳市博硕科技股份有限公司以底价 7 480 万元竞得,土地使用年限为 20 年。

2. 重点产业用地出让

深圳市重点产业用地出让的最高年限为 30 年,实践中出让年限基本为 30 年。2021 年,华为技术有限公司以底价 2.98 亿元拿下深圳市龙华区福城街道一宗巨型产业用地,即是重点产业用地,出让年限 30 年。该地块宗地号为 A922—0819,土地用途包括普通工业用地和城市道路用地,准入行业类别为 A06 新一代信息技术产业、A02 新能源产业,总用地面积为 514 857.79 平方米,其中建设用地面积 509 083.42 平方米、道路用地面积 5 774.37 平方米。规划显示,该宗地规划建筑面积 76.3 万平方米,其中包括厂房 61.6 万平方米、食堂 5.5 万平方米、宿舍 9 万平方米。

(二)先租后让

截至目前,深圳市仅有一宗产业用地实行了先租后让,但该宗先租后让用地后续被退还。2018 年 12 月 24 日,深圳市永联科技股份有限公司以 3 270 万元竞得位于深圳市龙岗区宝龙工业城的先租后让地块。该地块是"北上广深"一线城市探索先租后让土地供应模式的首次尝试,有助于实现产业用地的供地精准化、用地集约化、监管责任化以及产业优质化。该地块宗地号为G02203—0013,位于宝龙新能源产业基地西北侧、宝龙二路与丹荷大道交会处东南侧,用地面积7 394.36平方米,规划指标为容积率4.0,总建筑面积29 577平方米。该宗地的竞拍准入行业类别为新能源产业或新一代信息技术,且租赁申请人从事该地块准入行业不少于5年,租金按年缴纳,租赁期满后既可以选择"续租"也可以选择"出让"。按照宗地出让条件,深圳市永联科技股份有限公司与政府签订了土地使用权租赁合同及产业发展监管协议。租赁的五年期间,承租企业不得转让、转租或抵押,承租企业需在租赁期通过履约考核才能续租。如未通过履约考核,租赁期满,土地使用权将被回收,地上建(构)筑物采取残值方式补偿。

先租后让为土地供应提供了一个退出机制。对于承租企业来说,五年租赁期满后,可以选择退出;对于政府来说,如果承租企业未达到其考核要求,也可以及时清退,提高土地资源的有效利用率。在资金支付方面,先租后让租金支付采用按年缴纳的方式,年租金按该宗地20年期国有建设用地使用权出让地价的5%确定,即年租金163.5万元。先租后让的供地方式,对于土地的需求方来说是双门槛,进入门槛低了,获得门槛高了。竞买保证金降低,按年缴纳租金等一定程度上降低了企业参与的门槛。但是,承租企业也面临政府在租赁期对其产值、税收等方面的考核。

2020年,深圳市永联科技股份有限公司因IPO及融资问题等客观原因,无法继续开发建设位于宝龙新能源产业基地的先租后让用地,申请退还该"先租后让"地块并解除土地租赁合同。根据《深圳市工业及其他产业用地供应管理办法》(深府规〔2019〕4号)以及相关文件规定,原土地租赁合同被解除,该宗地被退还。虽然该宗先租后让用地后续被退还,但这主要是企业自身原因造成的,先租后让这种弹性出让模式仍然是值得探索的。当然,先租后让的相关机制也仍然有待进一步完善。

四、小结

目前,深圳市土地弹性出让制度比较完善,针对产业用地的出让,设置了不同的出让年限,有利于破解深圳土地资源紧缺的实际问题,进一步提高土地集约节约利用水平,也符合企业生命周期规律,有利于经济产业的发展。但是,也要看到,深圳市土地弹性出让制度仍需要进一步完善。一是目前基本按照20或30年的最高年限进行出让,出让年限的弹性和灵活性还有待加强;二是在先租后让方面的持续性探索不足,到目前为止仅有一宗地实行了先租后让,后续没有更多的实践,也需要继续探索;三是关于弹性出让的政策法规需要进一步完善,目前深圳市针对弹性出让出台专门性文件,多是在土地供应、产业发展等文件中对弹性出让做出相关规定,政策设计的系统性还有待加强。

除了上述介绍的四种短期利用模式之外,深圳在前海范围内还探索过关于已供应土地的短期利用,其是指在出让阶段就设定好"短期利用条件",约定在出让后若干年内为短期利用阶段,结束后进入正常的开发建设阶段,该项目为前海深港设计创意产业园二元桥项目。

根据招商局集团前海土地整备框架协议,该地块为补偿给招商局集团的置换用地,考虑到置换用地体量大,限期8年内完成分宗,总开竣工时间为10年(自2015年1月1日起算)。为了充分利用土地价值,加快改变前海合作区妈湾片区形象,加强深港合作,短期安排地块建设前海二元桥项目,短期利用完成后严格按前海单元规划实施。

二元桥项目综合考虑规划的长远性以及实施的阶段性,充分利用规划暂不能实施的空档期,采用"带短期利用条件"的土地出让,避免规划实施空档期的土地资源浪费,实现了土地资源的高效合理利用。这是一种主动的、前置的谋划,能够有效实现土地的预热,有利于经济社会的高质量发展。但是,前海的这种短期利用方式也仍处于探索阶段,目前仅有二元桥项目这一个案例,在具体实践和操作中有关机制仍然未理顺,而且上位政策的支持力度不足,限制了该模式的进一步推广。

值得注意的是,已供应用地短期利用属于特殊情形下的土地短期利用模式创新,其需求具有特定性和特殊性,因此并未上升到政策层面,但也为土地利用模式创新提供了样本和案例。

本章小结

深圳在四十多年的发展历程中,每一次改革和发展,都伴随着土地制度的创新和变革。在新增空间极度紧缺的背景下,深圳的城市发展模式率先从"外延式"扩张迈向"内涵式"增长,这也对土地利用提出了更高要求。为破解发展空间不足难题,深圳近年来大力探索城市更新、土地整备、立体开发、产业用地提容的方式,形成了较为成熟的政策"工具箱"。而本章则从一个全新的视角,重点梳理和归纳了深圳在土地利用的"时间秩序"方面开展的一些短期利用创新探索。

可以看到,本章介绍的深圳几种土地短期利用方式具有一些共性特征,比如年期较短、普遍均为二十年以下,方式灵活;适用范围广,能够满足不同用地主体和多种情形的需要；都能快速促进城市要素集聚、满足城市不同发展阶段的需要等。当然不同类型的短期利用方式，都有对应的需求类型。然而，目前深圳和国内其他地区一样，在土地短期利用方面都仍处于点状实施或探索阶段，尚未构建起完备的制度框架和体系，还面临着许多障碍和难题。主要包含以下几个方面：

（1）土地短期利用的年期多久合适？年期短为土地短期利用最显著的特征，对于不同用地方式的年期应有明确的规定，并对是否能够续期给出答案，避免造成反复无限续期的乱象。

（2）土地短期利用的用途范围是什么？如果用途不明确，那么在工作中就会面临随意扩大准入的情形，甚至将本应用作公益性用途的土地用于经营性用途，影响市场公平和效率。

（3）土地短期利用的权利应如何设定？产权是土地利用的核心问题，作为一种全新的土地利用模式，土地短期利用也应重点考虑产权限制、不动产登记等重点问题。

（4）土地短期利用的监管和收回应采取什么举措？从深圳实践来看，收回难是土地短期利用面临的最大难题，因此，必须研究采取有效的监管和收回举措，确保土地短期利用可持续发展。

此外，对于土地短期利用的审批机制、规划编制、建设要求、地价计收等内容，也都应予以研究和明确。

总的来看，深圳土地短期利用实践不仅在客观上促进了城市发展，而且也为土地利用制度的发展带来了深刻启发，未来不仅应重视土地利用在空间上的配置，也应从"时间秩序"的视角来观察和安排土地利用方式。未来，随着土地短期利用这一方式上升为制度设计，将进一步规范各类土地短期利用行为，促进土地灵活、高效、可持续利用，从而推动城市高质量可持续发展。

第五章 土地短期利用制度探讨与构建

　　面对区域发展的复杂性、不确定性，以及由此导致的土地利用不确定性，特别是在城市新开发区域、边缘区域，需要采取时间维度的弹性应对策略，弹性应对策略包括弹性规划和弹性用地。弹性规划是为提升城市规划与城市空间应对社会经济发展不确定的能力采取的一种规划技术手段，通过扩大有限规划指标的可浮动范围，实行频繁、滚动式规划修编方式，构建有伸缩余地的城市空间结构，目前已经涌现白色用地规划、灰地规划、战略留白用地和弹性发展区等多样化实施工具。

　　与此同时，弹性用地方面却缺少相应的制度安排，长期用地、用途固定、管制刚性的土地管理制度难以匹配使用期限较短、用途滚动调整的弹性规划需求，影响了弹性策略的落地实施。弹性用地要求实施与弹性规划相匹配的更为灵活、动态的土地供给制度，而土地短期利用正好为弹性用地提供了这样的"政策工具箱"。目前土地短期利用实践仍在探索阶段，制度构建尚不完备，需要厘清概念及内涵边界、规范管理、加强监管、提高收回效率，促进土地循环可持续利用。

　　土地短期利用制度应顺从市场经济规律，注重地区发展的动态弹性过程，而不必追求规划的终极结果。因此，基于已有的临时用地、短期租赁等现行政策，为进一步规范各类土地短期利用活动，灵活利用未建土地资源，加快急需的公共服务设施、商业配套、产业项目等落地实施，提升土地利用效率，同时合理预控远期发展用地，坚持符合实际需求与发展导向、弹性调控与集约利用、政府主导和市场运作三大原则，需要构建系统完善、衔接有序的土地短期利用制度。

　　本章在系统分析和丰富临时用地、短期租赁等短时间内灵活利用土地方式的基础上，尝试以"短期利用"理念统领构建土地短期利用制度体系，将其作为土地长期利用制度的"补充"，进一步改革和完善我国土地供给制度，充分激活土地要素，促进经济社会高质量发展。

第一节　概念内涵和制度思路

虽然我国土地短期利用已经有了大量的法律和案例实践,然而在土地租赁、已供应土地短期利用等领域,制度层面仍然存在一些模糊不清甚至空白的地带,究其成因,主要是相关理论尚不成熟,以及部分规定与用地实践存在不同程度脱节等。本节重点阐述并界定了"短期利用"概念,确立了包含临时用地、短期租赁、长期租赁和已供应土地短期利用4种类型的土地短期利用制度体系,并从制度目的、原则导向、设计思路等方面提出基本的政策思路框架。

一、土地短期利用概念界定

(一)增强供地政策弹性,提出土地短期利用理念

我国经济从高速增长阶段转向高质量发展阶段,社会主要矛盾发生变化,作为经济增长的核心要素,土地资源的配置效率对经济增长和实现高质量发展起着重要作用,因此土地管理理念和体制也要适应这些变化。2020年3月,《中共中央　国务院关于构建更加完善的要素市场化配置体制机制的意见》中,将"推进土地要素市场化配置"列在首位;2020年10月,党的十九届五中全会提出要深化土地管理制度改革;2021年3月,《中华人民共和国国民经济和社会发展第十四个五年规划和2035年远景目标纲要》提出,要创新适应服务新业态新模式和产业融合发展需要的土地、财税等政策。在更高起点、更高层次、更高目标上推进土地管理制度改革,增强土地管理灵活性,对解决市场激励不足、要素流动不畅、资源配置效率不高、微观经济活力不强等问题有重要意义。围绕国家土地管理改革精神,加强和改善土地管理制度供给,构建更加灵活的土地管理政策体系,是当前自然资源管理的重大课题和迫切任务。

增强土地管理的灵活性,做好放活土地要素,要在实践中破解土地管理体制机制的主要问题,创新土地管理方式和服务方式。其中,增强供地政策的弹性是新时期创新土地管理制度的重要方向,需要鼓励各地方积极探索和创新供地方式,从实践一线汲取和提炼"新经验""新模式",形成顶层制度设计和基层实践探索的良性互动。

增强供地政策弹性,一是要能够根据形势发展和市场变化适时调整、丰富政策工具,与时俱进满足时代需求,体现应用性;二是要实行差别化管理,不同供地方式适用的情形和解决的问题不同,相应的制度设计也要具备鲜明的特色,体现差异性;三是要考虑不同经济社会条件下的制度落实,为各地贯彻实施预留余地,体现弹性;四是要坚守国土空间用途管制和国土空间规划等基本制度框架体系,体现原则性。

从现有国有建设用地供给制度来看,以使用期限为基本标志划分土地供给方式(图5-1、表5-1),土地长期利用制度包括土地使用权的划拨、出让、租赁及作价出资等方式,特点是使用期限长、须按照当期规划进行建设、永久性形态建筑居多、履行法定程序办理手续周期较长、土地权利较为完整等,同时也出现土地使用权收回难度大、收回数量极少、因规划与实际用途不符而频繁调整、土地滚动开发实施困难等问题;土地短期利用制度规定内容很少,包括临时用地、储备土地短期利用、短期租赁等方式,特点是使用期限短、规划建设依据行政许可审批、基本不受远期规划影响、不得用于永久

图 5-1 现有制度下土地短期利用和长期利用方式

表 5-1 国有建设用地现有供给方式

土地供给方式		最高期限
长期利用	划拨	无期限约束
	出让①	居住用地 70 年 工业用地 50 年 文教体卫用地 50 年 商旅娱乐用地 40 年 综合或者其他用地 50 年
	租赁②	不超过同类用途土地出让最高年期
	作价出资③	不超过同类用途土地出让最高年期
短期利用	临时用地	2 年(能源、交通、水利等基建项目施工不超过 4 年)
	储备土地短期利用	2 年
	短期租赁	5 年

① 《中华人民共和国城镇国有土地使用权出让和转让暂行条例》(1990 年 5 月 19 日国务院令第 55 号发布,根据 2020 年 11 月 29 日《国务院关于修改和废止部分行政法规的决定》修订)。
② 《关于印发〈规范国有土地租赁若干意见〉的通知》(国土资发〔1999〕222 号)。
③ 《国土资源部 国家发展和改革委员会 财政部 住房和城乡建设部 农业部 中国人民银行 国家林业局 中国银行业监督管理委员会关于扩大国有土地有偿使用范围的意见》(国土资规〔2016〕20 号)。

性建筑、办理手续周期较短、土地权利限制较多等，同时也存在制度交叉衔接不完善、缺乏配套实施细则、难以满足日益灵活的实践需求等问题。

因此，从完善国有建设用地供给制度出发，深入思考和挖掘"短期利用"理念，在现行政策体系基础上，通过保留沿用、细化明确、修改或填空补充等方式，研究构建系统完善、衔接有序的土地短期利用制度，将其作为土地长期利用制度的有益"补充"。

（二）明晰土地短期利用定义和范围

清晰界定概念是理论研究和制度设计的基础。在结合前述章节分析的基础上，本章提出，土地短期利用是指不影响规划实施，通过灵活供应方式对未建设空地进行最长不超过20年的土地利用。

考虑到储备土地短期利用实质上是通过临时用地或短期出租方式实现的，因此从制度设计的角度，笔者认为可以通过临时用地和短期租赁来实现，无需创设新的制度规则。此外，对于实践中出现的一些已经完成出让或者划拨但尚未建设的土地，由于规划变更、建设规模较大需实施分期、相关政策变化等各类客观原因难以实现立即开发，在一段时期内为避免可能形成"闲置"而进行短期性的开发建设行为（如搭建临时展厅、短期商业办公用房等），有必要在给予政策出路的同时加以规制，促进土地资源合理配置、提高利用效率。

实质上进行"土地1.5级开发"的长期租赁（如深圳前海企业公馆、东莞鱇鱼洲文化创意产业园等项目），以及在已出让或划拨等已供应土地上短期内调整用途利用（如深圳深港创意设计产业园等），均具有较强的过渡性开发性质，明显区别于一次性开发建设到位的土地长期利用，属于地方在实践中探索创新的短期利用方式。

土地各级开发示意见图5-2。

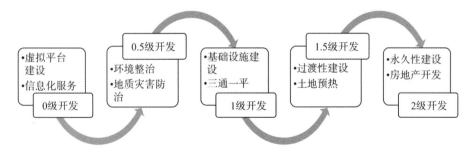

图5-2　土地各级开发示意

需要说明的是，弹性出让、先租后让等新兴土地供给方式，虽然也具有首次期限较短的特点，但其实质是对产业用地的分阶段出让，实施永久性开发建设，缺乏过渡性开发的特征，仍然属于土地长期利用的范畴。

因此，本章提出可以将临时用地、短期租赁、长期租赁和已供应土地短期利用4种用地方式纳入土地短期利用制度体系（图5-3）。具体用地方式界定如下：

（1）临时用地是指因工程项目建设施工、地质勘查、抢险救灾等需要，按临时用地合同约定使用国有土地的短期利用。临时用地属于土地短期利用的一种特殊类型，目前从国家、省、市到县（区）已经建立起一套严格缜密的临时用地专项政策体系。

（2）土地租赁是指政府将土地出租给使用人，并与使用人签订不超过20年的土地租赁合同，由使用人支付租金的短期利用。土地租赁包括租赁期限在5年以内的短期租赁和租赁期限在5年以上20年以内的长期租赁。

（3）已供应土地短期利用是指土地使用权人在已取得划拨决定书或签订出让土地使用权合同但尚未建设的土地上，经政府批准为实施急需项目而开展不超过10年的短期利用。该方式对划拨或出让等用地政策有所突破，为管控风险，应严格控制已供应土地短期利用的适用范围并加强审批监管。

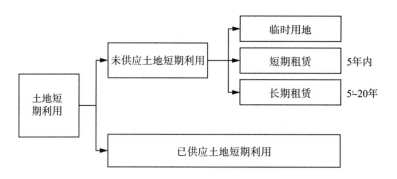

图5-3　本章提出的土地短期利用方式分类

土地短期利用对象除临时用地外，应当是权属清晰的国有建设用地，农用地或未利用地应办理农转用审批手续后方可利用（临时使用农用地或未利用地需要办理土地复垦），一般不包括集体土地或存在经济关系未理清问题的土地。

土地短期利用应当具备以下几个特点：①期限短，相比出让等长期利用方式使用年期明显缩短；②临时性，用途以临时性设施为主，不得用于经营性居住用途，不受远期规划用途限制、不影响远期规划实施；③易装卸，建设采用非永久性建筑形式，可以方便快捷地安装与拆卸，并且能循环使用；④易收回，短期利用土地使用周期短、收回频率高，须通过一定措施保障用地便捷收回，且容易恢复到原利用状态。

二、土地短期利用政策思路

基于土地短期利用管理存在的问题和发展需求，以促进市场在资源配置中发挥决定性作用为基本导向,整合临时用地等相关分散性短期利用政策,坚持全生命周期理念,实施土地短期利用全过程管理。围绕供应方式、使用期限、地价计收、产权管理、批后监管等重点内容进行研究创新,从系统性、规范性、可操作性的角度出发,探索构建统筹协调的土地短期利用制度的系统化体系(图5-4、表5-2)。

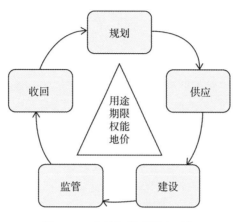

图 5-4　土地短期利用全过程

表 5-2　土地短期利用管理环节及内涵

序号	管理环节	内涵
1	供应方式	厘清界定土地短期利用的不同方式
2	适用范围	包括土地短期利用目的及依据、概念内涵、适用范围、主管部门及责任、原则导向、准入条件和禁止条件
3	使用年期	明确不同短期利用方式对应的使用期限,包括最长期限、续期等条件和要求
4	规划建设	明确不同短期利用方式的规划管控和建筑要求
5	产权管理	明确不同短期利用方式的产权登记、权利限制,包括转让、抵押融资等方面
6	地价计收	明确不同短期利用方式的地价测算规则、缴纳方式及专项优惠等
7	批后监管	包括招商监管、运营监管和合同管理等,构建多手段联合管控体系,完善土地管理信息公开制度
8	到期处置和收回	明确不同短期利用方式的退出条件及程序,土地到期收回、提前收回的条件和补偿,以及续期的条件和程序

第二节　土地短期利用规划和用途管控制度

根据《中华人民共和国土地管理法》(以下简称《土地管理法》)[①]、《中华人民共和国城乡规划法》(以下简称《城乡规划法》)[②]等法律规定，城镇建设用地供应应当符合城市规划，划拨、出让等土地长期利用依据控制性详细规划确定用途范围、使用性质、开发强度等规划条件。临时用地、短期租赁等土地短期利用方式主要适用于近期不开发建设的土地，远期规划暂时无法实施，但也同样需要明确具体适用用途范围。由于短期利用的短期性、灵活性，确定土地使用限制条件尤为必要，特别是超过5年的长期租赁、已供应土地短期利用等方式，确保按短期规划用途使用土地，是规范土地利用行为、促进城市土地资源合理配置的重要前提。

一、土地短期利用用途应当符合国土空间规划管控要求，分类细化用途准入清单

2019年《中共中央　国务院关于建立国土空间规划体系并监督实施的若干意见》提出要以国土空间规划为依据，对所有国土空间分区分类实施用途管制：在城镇开发边界内的建设，实行"详细规划＋规划许可"的管制方式；在城镇开发边界外的建设，按照主导用途分区，实行"详细规划＋规划许可"和"约束指标＋分区准入"的管制方式。目前，我国已经逐步建立"多规合一"的国土空间规划体系，科学有序统筹安排生态、农业、城镇等功能空间，依法批准的国土空间规划是各类开发、保护、建设活动的基本依据。

对于土地短期利用而言，由于使用期限短、非永久性建设、门槛条件区别于长期利用等特点，实践中容易出现擅自变更土地用途、建设手续不齐全、缺少必要的规划审查及验收等风险问题，需要基于适当的管制和引导将短期发展目标更好地转化为具体行动，通过规划管控加强土地用途管制，防止"短期变永久"。实施短期利用规划管控是保障土地短期利用可持续发展的关键制度手段，通过合理安排空置用地的短期发展权，保

[①] 《中华人民共和国土地管理法》第二十一条："在城市规划区内、村庄和集镇规划区内，城市和村庄、集镇建设用地应当符合城市规划、村庄和集镇规划。"

[②] 《中华人民共和国城乡规划法》第三十八条："在城市、镇规划区内以出让方式提供国有土地使用权的，在国有土地使用权出让前，城市、县人民政府城乡规划主管部门应当依据控制性详细规划，提出出让地块的位置、使用性质、开发强度等规划条件，作为国有土地使用权出让合同的组成部分。未确定规划条件的地块，不得出让国有土地使用权。"

护使用者、空置用地所有者以及相邻用地所有者的权益,并引导空置用地暂时符合城市发展需要:一是合理控制空置用地被改造的功能类型,确保短期用途功能既符合当地居民需求并与周边用地相兼容,又不会对用地再次开发产生消极影响;二是合理控制短期利用使用期限,既要保障在一定时间内临时使用者的使用权,还要充分体现用地的临时性。

因此,应当在"详细规划+规划许可"的规划管控制度框架下,针对不同短期利用方式分类设置相应用途准入清单,建立适用用途与规划管控相匹配的协调机制,防止用途失序、功能混乱。用途准入清单可以对土地短期利用行为进行规范指引,包括允许的、限制的和禁止的土地用途和开发利用方式,属于实施国土空间用途管制的一部分,不仅有利于约束和规范短期利用行为,而且有利于提高短期利用效率、增强资源供给能力,促进土地资源高效配置和可持续利用。

二、不同短期利用方式的适用用途与规划管控

不同短期利用方式中,临时用地、短期租赁以临时性设施用途为主,通过规划许可的方式加以规制;长期租赁、已供应土地短期利用的设施建设强度较高、期限较长,适用范围接近土地长期利用范畴,通过规范程序实施具有短期性质的详细规划,进一步健全规划弹性管理体系和机制。

(一)临时用地

改革开放以来,随着国家各类基础设施、重大工程建设项目以及城市开发建设的大力推进,各地临时用地需求和规模逐年增加,临时用地管理制度在保障建设项目施工、地质勘查等方面发挥了积极作用。

同时,由于法律法规对临时用地的规定比较原则,地方管理部门在临时用地审批过程中,对临时用地的用途范围等认识和把握不一致,临时用地管理在实践中存在部分用途把关不严的问题,引发"临时变永久"、用地收回困难等风险。

2019年至今,随着国家层面新一轮《土地管理法》《中华人民共和国土地管理法实施条例》(以下简称《土地管理法实施条例》)等法律法规的修订,自然资源部于2021年11月印发了《自然资源部关于规范临时用地管理的通知》(自然资规〔2021〕2号,以下简称《临时用地通知》),从界定临时用地使用范围、明确临时用地选址要求和使用期限、规范临时用地审批、落实临时用地恢复责任、严格临时用地监管五个方面,进一步规范和严格临时用地管理,并且通过纵向贯穿部—省—市—县(区)的临时用地审批监管系统实行严格监管(表5-3)。

表 5-3 国家、广东省及深圳市政策关于临时用地用途范围的规定

序号	层级	政策名称	用途范围规定
1	国家	《土地管理法》(2019年第三次修正)	第五十七条 建设项目施工和地质勘查需要临时使用土地的或者农民集体所有土地的，由县级以上人民政府自然资源主管部门批准
2	国家	《土地管理法实施条例》(2021年第三次修订)	第二十条 建设项目施工、地质勘查需要临时使用土地的，应当尽量不占或者少占耕地。其中，属于临时用地的，用后应当恢复原状并交还原土地使用者使用，不再办理用地审批手续；属于永久性建设用地的，建设单位应当不晚于应急处置工作结束六个月内申请补办建设用地审批手续 第二十一条 抢险救灾、疫情防控等急需使用土地的，可以先行使用土地
3	国家	《自然资源部关于规范临时用地管理的通知》(自然资规[2021]2号)	临时用地的范围包括： (一)建设项目施工过程中建设的直接服务于施工人员的临时办公和生活用房、包括临时办公用房、生活用房、工棚等使用的土地；直接服务于工程施工的项目自身辅助工程，包括农用地表土剥离堆放场、材料堆放场、制梁场、拌合站、钢筋加工厂、施工便道、运输便道、地上线路架设、地下管线敷设、以及能源、交通、水利等基础设施项目取土场、弃土(渣)场等使用的土地。 (二)矿产资源勘查、工程地质勘查、水文地质勘查等，在勘查期间临时生活用房、临时工棚、勘查作业及其辅助工程、施工便道、运输便道等使用的土地，包括油气资源勘查中钻井井场、配套管线、电力设施、进场道路等钻井及配套设施使用的土地。 (三)符合法律、法规规定的其他需要临时使用的土地
4	国家	《自然资源部 国家文物局关于在国土空间规划编制和实施中加强历史文化遗产保护的指导意见》(自然资发[2021]41号)	各地自然资源主管部门对国家考古遗址公园建设等重大历史文化遗产保护利用项目的合理用地需求应予保障。考古和文物保护工地建设临时性文物保护设施、工地安全设施、后勤设施的，可按临时用地规范管理
5	广东省	《广东省土地管理条例》(2022年6月通过)	第四十六条 建设项目施工、地质勘查需要临时使用土地的，由县级以上人民政府自然资源主管部门批准

第五章　土地短期利用制度探讨与构建

续表

序号	层级	政策名称	用途范围规定
6	广东省	《广东省国土资源厅关于加强临时用地管理的通知》（粤国土资利用发〔2016〕35号）	一、明确临时用地范围 临时用地的范围应当符合《中华人民共和国土地管理法》第五十七条和《中华人民共和国土地管理法实施条例》第二十七条、第二十八条规定，具体包括： （一）建设项目施工和地质勘查需要临时使用土地的，包括工程建设施工中设置的临时办公用房、预制场、钢筋加工场、拌合站、施工便道和其他临时工棚用地；取石、弃土、弃渣用地；架设地上线路、铺设地下管线和其他临时工程所需临时使用的土地； （二）地质勘查所需临时用地，包括厂址、坝址选址等需受灾地区交通、水利、电力、通信、供水等抢险救灾设施和应急需要使用的土地。 （三）抢险救灾临时用地，包括受灾地区交通、水利、电力、通信、供水等抢险救灾设施和应急需要使用的土地。
7		《深圳市临时用地和临时建筑管理规定》（深圳市人民政府令第149号）	第二条　本规定所称临时用地是指因建设项目施工、地质勘查以及急需的公共服务配套设施需要，按照土地合同约定使用的国有土地。
8	深圳市	《深圳市临时用地管理办法》（深规划资源规〔2019〕6号）	第五条　临时用地范围包括： （一）工程项目建设施工临时用地，包括工程建设施工中设置的临时办公用房、预制场、钢筋加工场、拌合站、施工便道和其他临时工棚用地；工程建设施工定程中临时性的取石、弃土、弃渣用地；架设地上线路、铺设地下管线和其他临时工程所需临时使用的土地； （二）地质勘查临时用地，包括厂址、坝址选址等需受灾地区交通、水利、电力、通信、供水等抢险救灾设施和应急需要使用的土地； （三）抢险救灾临时用地，包括受灾地区交通、水利、电力、燃气、环境卫生、气象、通信、水利、教育、医疗、文化、体育、公安等设施场所需临时使用的土地； （四）政府组织实施的急需公共服务设施用地，包括交通场站、环境卫生、电力、燃气、气象、通信、水利、教育、医疗、文化、体育、公安等设施场所临时使用的土地； （五）符合法律、法规规定的其他需要临时使用的土地。
9		《深圳市临时用地管理办法（修订征求意见稿）》	第五条【使用范围】 临时用地使用范围包括： （一）建设项目施工过程中建造的临时办公和生活用房，包括临时办公用房、生活用房，工棚等使用的土地；直接服务于工程项目自用堆放的项目自用临时工程，包括农用地表水地剥离堆放场、材料堆放场、预制场、钢筋加工场、搅拌站、施工便道、运输便道、地上线路架设、下管线数设作业、以及能源、交通、水利等基础设施项目的取土场、弃土（渣）场等临时使用的土地。 （二）矿产资源勘查、工程地质勘查、水文地质勘查期间临时生活用房、临时辅助工程、勘查作业及其辅助工程，包括油气资源勘查其他井场、电力设施、通信设施、进场道路等临时使用的土地。 （三）考古和文物保护工地建设的临时性文物保护设施、工地安全设施、后勤设施临时需要使用的土地。 （四）符合法律、法规规定的其他需要临时使用的土地。

1. 临时用地适用用途

《临时用地通知》等规定,临时用地适用用途范围包括:

(1) 建设项目施工过程中建设的直接服务于施工人员的临时办公和生活用房,包括临时办公用房、生活用房、工棚等使用的土地;直接服务于工程施工的项目自用辅助工程,包括农用地表土剥离堆放场、材料堆场、制梁场、拌合站、钢筋加工厂、施工便道、运输便道、地上线路架设、地下管线敷设作业,以及能源、交通、水利等基础设施项目的取土场、弃土(渣)场等使用的土地。

(2) 矿产资源勘查、工程地质勘查、水文地质勘查等,在勘查期间临时生活用房、临时工棚、勘查作业及其辅助工程、施工便道、运输便道等使用的土地,包括油气资源勘查中钻井井场、配套管线、电力设施、进场道路等钻井及配套设施使用的土地。

(3) 符合法律、法规规定的其他需要临时使用的土地。

此外,为加强对国家考古遗址公园建设等重大历史文化遗产保护利用项目的合理用地保障,2021年自然资源部、国家文物局联合印发《自然资源部 国家文物局关于在国土空间规划编制和实施中加强历史文化遗产保护管理的指导意见》(自然资发〔2021〕41号),其中规定"考古和文物保护工地建设临时性文物保护设施、工地安全设施、后勤设施的,可按临时用地规范管理"。这在《临时用地通知》提出的两类用途之外新增了一类用途,为考古和文物保护工地临时设施提供了专门的用地路径。

在地方层面,以深圳市为例,在比较早出台的《深圳市临时用地和临时建筑管理规定》(2006年)和《深圳市临时用地管理办法》(2019年)等临时用地管理政策中,深圳市临时用地适用用途比《临时用地通知》多了两类:一是抢险救灾临时用地,包括受灾地区交通、水利、电力、通讯、供水等抢险救灾设施和应急安置、医疗卫生等急需使用的土地;二是政府组织实施的急需公共服务设施,包括交通场站、环境卫生、电力、燃气、气象、通讯、水利、教育、医疗、文化、体育、公安等设施所需临时使用的土地。

可以看出,在《临时用地通知》印发之前,深圳市结合地方实际对临时用地的适用范围进行了更为广泛、深入的探索。一方面,对于抢险救灾急需临时使用土地的,可先行使用土地,使用单位要及时向临时用地管理部门备案,灾后恢复原状并交还原土地管理单位,不再办理临时用地审批手续,采用备案制便利了抢险救灾工作;另一方面,针对高密度建成区公共服务设施配套少、落地难问题,探索允许政府组织实施的急需公共服务设施可临时使用的土地,完善服务功能、保障社会民生。《临时用地通知》印发后,为落实新的工作部署要求,形成自上而下统一规范的临时用地管理体系,深圳市修改了临时用地适用范围,进一步明确只有建设项目施工、地质勘查等可以使用临时用地。

2. 临时用地规划管控

临时用地用途限制于特定的临时施工占用范围,且需依申请利用土地,因此具体地块的临时性利用条件根据申请项目确定,在审批阶段办理临时建设用地规划许可,不涉及控制性详细规划的编制或调整。

城市规划区内临时用地才需要办理临时建设用地规划许可。以往各地在具体办理临时用地过程中,对用地批准之前是否需要办理临时建设用地规划许可存在着不同意见,有观点认为甚至不需要办理规划许可。《土地管理法》(2019年)第五十七条规定"在城市规划区内的临时用地,在报批前,应当先经有关城市规划行政主管部门同意",明确在城市规划区内的临时用地需要先办理临时建设用地规划许可。

从实际管理需求来看,在批准临时用地时,涉及在城市规划区内的,会直接影响城市近期建设规划或者控制性详细规划实施以及交通、市容、安全等,所以有必要通过设立规划许可制度进行审查,以确定临时建设行为对城市规划的影响。而在城市规划区以外不存在这样的问题,所以没有必要再设立规划许可。

在自然资源管理机构改革以后,当前各地城市规划与土地管理职责基本整合为由一个部门统一负责,因此实践中在城镇开发边界内使用临时用地的,可以一并申请临时建设用地规划许可和临时用地审批。

(二)短期租赁

由于临时用地特定的适用范围及要求,其他临时性用地需求多数难以满足,所以,短期租赁可以作为对临时用地的"补充"。

1. 短期租赁适用用途

《国土资源部关于印发〈规范国有土地租赁若干意见〉的通知》(国土资发〔1999〕222号)中提出对短期使用或用于修建临时建筑物的土地,应实行短期租赁,短期租赁年限一般不超过5年,但对于短期租赁可用于何种用途并未有明确的规定(表5-4),各地区也罕有明确规定或实践。

2021年,深圳市出台《深圳市国有建设用地短期租赁管理办法》(深规划资源规〔2021〕7号),明确短期租赁适用于社会投资主体组织实施的急需公共服务设施,设施类型主要包括电动车充电站、公交场站等交通设施,混凝土搅拌站、环卫车与洒水车停车场、瓶装燃气站、建筑物废弃物综合利用厂、再生资源回收分拣场所、垃圾转运站等公用设施,以及市政府批准的其他急需公共服务设施。

可以看出,短期租赁用途以急需公共服务设施为主,兼顾其他经营性需求,突出"急需"和"公共服务"两大特色。同时,根据市场调研,目前部分政府投资、短期过渡性质的教育、环卫、文化、体育、市政等公共服务设施或公用设施,以及由于搬迁腾挪安置等原因产生的物流、文娱、体育、社会福利等短期过渡性质社会投资设施,也存在急迫的建设需求,无法通过临时用地方式解决,故可以考虑将其纳入短期租赁用途。

表 5-4　国家、深圳市关于土地短期租赁的规定

序号	层级	政策名称	用途范围规定
1	国家	《土地管理法实施条例》（2021年第三次修订）	第十七条 ……国有土地有偿使用的方式包括： （一）国有土地使用权出让； （二）国有土地租赁； （三）国有土地使用权作价出资或者入股
2	国家	《国土资源部关于印发〈规范国有土地租赁若干意见〉的通知》（国土资发〔1999〕222号）	一、……对于新增建设用地，重点仍应是推行和完善国有土地出让，租赁只作为出让方式的补充。对于经营性房地产开发用地，无论是利用原有建设用地，还是利用新增建设用地，都必须实行出让，不实行租赁。 四、国有土地租赁可以根据具体情况实行短期租赁和长期租赁。对短期使用或用于修建临时建筑物的土地，应实行短期租赁，短期租赁年限一般不超过5年
3	深圳市	《深圳市人民政府关于完善国有土地供应管理的若干意见》（深府规〔2018〕11号）	国有建设用地租赁实行短期租赁和长期租赁。经市政府批准，由社会投资主体组织实施的急需公共服务设施等用地实行短期租赁，以协议方式确定承租人，租赁期限不得超过5年，具体办法由市规划国土主管部门另行制定
4	深圳市	《市规划和自然资源局关于印发〈深圳市国有建设用地短期租赁管理办法〉的通知》（深规划资源规〔2021〕7号）	第二条　本办法适用于深圳市行政辖区内社会投资主体组织实施的急需公共服务设施项目（以下简称社会投资项目）以短期租赁方式供应国有建设用地的行为。 急需公共服务设施用地包括以下类型： （一）电动车充电站、公交场站等交通设施用地，混凝土搅拌站、环卫车洒水车停车场、瓶装燃气站、建筑物废弃物综合利用厂、再生资源回收分拣场所、垃圾转运站等公用设施用地。 （二）市政府批准的其他急需公共服务设施用地

2. 短期租赁规划管控

由于短期租赁制度较为简略，仅深圳等地在实践中探索通过短期租赁来解决用地需求，相关规划管控制度尚不健全。在"详细规划＋规划许可"的制度框架下，短期租赁使用期限较短（5年以内）、以临时性设施为主、不进行永久性建设等特点，与临时用地较为类似，因此通过借鉴临时建设用地规划许可制度可以探索设置短期租赁用地规划许可，不涉及控制性详细规划的编制或调整。

短期租赁用地规划许可目的是审查短期租赁对城市近期建设及规划实施的影响，以及用地涉及的市政、交通、安全等要素。实践中，以深圳市为例，《深圳市国有建设用地短期租赁管理办法》提出了短期租赁规划审查条件并在用地审批前设置规划研究论证环节：短期租赁用地应当未纳入城市国土空间保护与发展规划，不影响国土空间规划、建设用地供应计划等各层次规划与计划的实施，涉及农用地、未利用地的还应当办理农用地转用审批手续；用地主体要向主管部门申请开展短期租赁用地规划研究论证，主管部门依托"多规合一"信息平台组织开展规划研究论证，并征求水务、环境、文物保护、国家安全等相关职能部门意见后，确定项目用地范围并函告用地主体。规划研究论证环节实际上履行了短期租赁用地规划许可的审查责任，江苏等省份在政府规

章中也明确,城市规划区内租赁用地承租人应当依法先向城市规划部门申请办理建设用地规划许可。

值得注意的是,短期租赁与临时用地在规划审查条件上存在差异,即短期租赁农用地、未利用地不像临时用地一样需要开展复垦,而是办理农用地转用审批手续,用途鲜明地归向建设用地,以便未来进行永久性开发建设。因此,短期租赁农用地、未利用地的,需要像长期利用一样先行办理农用地转用审批等手续,用地规划许可要前置于土地供应;短期租赁建设用地的,可以参照临时用地同步办理建设用地规划许可与用地审批。

(三)长期租赁

1. 长期租赁适用用途

长期租赁是对土地出让方式的补充。目前,长期租赁在准入范围方面的规定均为导向性规定(表5-5),《国土资源部关于印发〈规范国有土地租赁若干意见〉的通知》(国土资发〔1999〕222号)中仅明确不得用于经营性房地产开发用地,尚无清晰的正向用途清单,比如保障开发建设的配套服务项目、急需引进的提供高品质公共服务和优质生活环境的项目、促进高端产业和高层次人才加快集聚的项目等。

表5-5 国家、深圳市关于工地长期租赁的规定

序号	层级	政策名称	用途范围规定
1	国家	《土地管理法实施条例》(2021年第三次修订)	第十七条 ……国有土地有偿使用的方式包括: (一)国有土地使用权出让; (二)国有土地租赁; (三)国有土地使用权作价出资或者入股
2	国家	《国土资源部关于印发〈规范国有土地租赁若干意见〉的通知》(国土资发〔1999〕222号)	一、……对于新增建设用地,重点仍应是推行和完善国有土地出让,租赁只作为出让方式的补充。对于经营性房地产开发用地,无论是利用原有建设用地,还是利用新增建设用地,都必须实行出让,不实行租赁。 四、国有土地租赁可以根据具体情况实行短期租赁和长期租赁……对需要进行地上建筑物、构筑物建设后长期使用的土地,应实行长期租赁,具体租赁期限由租赁合同约定,但最长租赁期限不得超过法律规定的同类用途土地出让最高年期
3	深圳市	《深圳市人民政府关于完善国有土地供应管理的若干意见》(深府规〔2018〕11号)	国有建设用地租赁实行短期租赁和长期租赁……工业及其他产业用地实行长期租赁的,以招标、拍卖、挂牌等公开竞价方式确定承租人,租赁期限不少于5年且不超过20年
4	前海合作区	《深圳市前海深港现代服务业合作区土地租赁管理办法(试行)》(2019年修订)	第五条 符合下列情形之一的,可以实行土地租赁: (一)保障前海合作区开发建设的配套服务项目。 (二)急需引进的提供高品质公共服务和优质生活环境的项目。 (三)促进高端产业和高层次人才加快集聚的项目。 (四)法律法规规定的其他情形。 第六条 下列用途的土地,不得实行土地租赁: (一)居住用地。 (二)法律、法规规定不得租赁的其他用地

因此,根据近年来已开展的土地租赁项目(1.5级开发项目)用途,结合当前实际发展需求,将长期租赁的适用范围明确为商业服务业、公共管理与服务设施、工业与新型产业、物流仓储、交通设施、公用设施等项目用地,禁止住宅、商务公寓等居住性质项目实行长期租赁。

2. 长期租赁规划管控

长期租赁与出让类似,在一些地区作为土地1.5级开发的方式,用地列入建设用地年度供应计划,属于"先规划、再供应"的短期利用方式,需由政府在供应前确定地块的规划设计条件。目前,从各地实践来看,主要有以下几种规划管理方式:

(1) 深圳前海——法定规划"留白"+根据需求确定规划条件

前海合作区已经印发的前湾片区、桂湾片区单元规划,均在规划文本中明确规定"根据城市发展需要,如明确作为近期不开发用地(含公共设施),在有利于提升城区品质、活力及服务水平的情况下,均可按相关程序作为短期利用或临时用地。短期利用项目不规定容积率,具体根据实际需求确定",从法定规划的层面,赋予了土地短期利用规划实现路径,明确可以根据具体项目需求确定地块规划设计条件,也为进一步探索编制短期利用规划、创新规划管理机制创造了条件。

(2) 东莞市——编制土地1.5级开发控制图则

《东莞市土地1.5级开发操作指引》专门提出了"土地1.5级开发控制图则"的概念,作为短期利用规划开展规划编制和审批。由项目属地镇街凭市政府准入批复和项目申请书,向市规划部门申请编制项目土地1.5级开发控制图则:对已批控制性详细规划的土地1.5级开发项目,补充编制土地1.5级开发控制图则,明确管控内容和要求,由市政府授权市规划部门审批;对尚未编制控制性详细规划的土地1.5级开发项目,单独编制土地1.5级开发控制图则,明确管控内容和要求,经市规划部门技术审查并批前公示后,报市规委会控制性详细规划专业委员会审议,市政府审批。在编制土地1.5级开发控制图则阶段,项目属地镇街可以凭市政府准入批复和项目申请书,同步向市规划部门申请出具建设用地规划条件,作为项目办理前期报建手续的规划依据。待控制性详细规划按程序完善后,再正式办理《建设用地规划批准书》,规划条件和《建设用地规划批准书》须注明"土地1.5级开发项目",经市政府批复同意的结构形式要求应纳入规划条件。

(3) 青岛自贸片区——编制控制性详细规划调整方案

《中国(山东)自由贸易试验区青岛片区土地1.5级开发暂行办法》提出要通过控制性详细规划调整程序进行土地1.5级开发,在现行规划管理体系机制下实现短期利用规划目的。具体由规划建设部根据管委专题会研究通过的意见,组织编制1.5级土地开发项目涉及土地的控制性详细规划调整方案,方案须符合国土空间规划管控要求,编制规划图则,明确管控内容和要求,经中国(山东)自由贸易试验区青岛片区与中德生态园国土空间规划联合委员会同意后按照法定程序进行调整。

综合来看,针对5~20年的长期租赁,其短期利用规划主要实现方式有两种:

一种是创设"短期利用规划"概念,作为城市规划的短期阶段性安排。对近期不开发用地收集长期租赁项目需求,经过论证确定需要供地的,根据地块条件、项目需求并结合上位规划、远期规划等,明确用地范围、短期用途、使用期限、容积率、覆盖率等规划设计条件,并按程序进行公示。

另一种是在现行规划管理体系内,通过规划调整程序临时调整短期利用期间用地的规划条件,明确规划调整的有效期,有效期届满自动按原控制性详细规划实施,最大限度减少了因短期利用对规划管理的改动,便于推广实施,如福州仓山区义序机场周边短期工业用地规划调整[①]。

(四)已供应土地短期利用

1. 已供应土地短期利用适用用途

对已完成出让或划拨的土地,可能由于某些原因无法立即进行开发建设,排除使用权人自身原因,主要影响因素有:①规划依法修改造成动工开发延迟的;②国家出台相关政策需要修改规划和建设条件的;③因处置土地相关纠纷事项等无法动工开发的;④因军事管制、文物保护等无法立即动工开发的;⑤因土地整备等一次性出让给使用权人较大面积土地,需要分期开发的。

第①②③④项因素导致的土地闲置,根据《闲置土地处置办法》的规定,一般会被认定为政府或政府有关部门行为造成的土地闲置。处置方式之一是由政府安排临时使用,待原项目具备开发建设条件,国有建设用地使用权人重新开发建设,从安排临时使用之日起,临时使用期限最长不得超过两年。

由第⑤项因素产生的短期内暂不开发建设的已供应土地,主要存在于城市规划变更升级的新开发区域,如深圳前海合作区。此类情形比较少见,目前仅可用于简易堆场等临时性用途,无法开展更加多样的短期利用,不利于土地高效集约利用和满足加快片区预热的现实需求,亟待适当放宽已供应土地用途限制,为土地使用权人灵活利用短期暂不开发的土地提供政策支持。

同时,由于已供应土地开展短期利用对现有用地政策突破较大,可能引发违法建设、变相拖延开发、短期建筑长期化等风险,影响后续土地开发建设,短期利用期间有必要严格限制用途范围,应突出公益属性、近期急需和片区特色等,例如急需的公共管理与服务设施、商业设施等项目用地。

---

① 参见:《关于公布仓山区义序机场周边短期工业用地规划调整的通知》。

通过已出让土地开展短期利用的,应严格按照短期利用条件开发利用。以前海深港设计创意产业园为例,为了支持公共服务和专业服务业发展,将土地整备协议出让给原土地使用权人的土地(规划用途为商业办公),经过政府批准同意后短期调整用途为设计创意产业,其目的是加快发展创意产业、汇聚深港创意产业人才,促进深港合作,实现良好的社会效益和政治效益[①]。

表 5-6 划拨用地目录及短期利用用途

划拨用地目录		可能适宜短期利用的临时设施
国家机关用地和军事用地	(一)党政机关和人民团体用地	—
	(二)军事用地	—
城市基础设施用地和公益事业用地	(三)城市基础设施用地	供水设施、燃气供应设施、供热设施、公共交通设施、环境卫生设施、道路广场、绿地
	(四)非营利性邮政设施用地	邮件处理中心、邮政运输、物流配送中心、邮件转运站、集装容器(邮袋、报皮)维护调配处理场
	(五)非营利性教育设施用地	教学实习及训练基地、活动场地
	(六)公益性科研机构用地	科学研究、调查、观测、实验、试验(站、场、基地)设施
	(七)非营利性体育设施用地	体育运动项目配套设施,体育信息、科研、兴奋剂检测设施,全民健身运动设施
	(八)非营利性公共文化设施用地	图书馆、文化馆、青少年(儿童)活动中心
	(九)非营利性医疗卫生设施用地	—
	(十)非营利性社会福利设施用地	—
国家重点扶持的能源、交通、水利等基础设施用地	(十一)石油天然气设施用地	—
	(十二)煤炭设施用地	—
	(十三)电力设施用地	—
	(十四)水利设施用地	—
	(十五)铁路交通设施用地	—
	(十六)公路交通设施用地	—
	(十七)水路交通设施用地	—
	(十八)民用机场设施用地	—
	(十九)特殊用地	—

通过已划拨土地开展短期利用的,考虑到划拨土地明确的用途范围限制、管理体系严格,如短期利用突破规定用途限制,必须收回土地使用权或转出让,并办理有偿使

---

① 参见:《林郑月娥出席前海深港设计创意产业园二元桥项目启动仪式》,中国新闻网,2017-08-31。

用手续,短期利用的制度成本较高,缺乏必要性;因此,已划拨土地短期利用应符合划拨用途范围规定,符合公益、非营利导向原则,在规定范围内进行用途调整。

2. 已供应土地短期利用规划管控

已供应土地在开展短期利用前已经签订了土地出让合同或取得了划拨决定书,其中列明了依据控制性详细规划出具的宗地规划设计条件,短期利用改变了用途范围和建设内容,因此有必要履行规划调整手续。具体路径可以参照前述临时性规划调整程序,在现行规划管理体系内,通过临时调整短期利用期间用地的规划条件,明确规划调整的有效期,有效期届满自动按原控制性详细规划实施,在依法依规的前提下灵活满足短期利用需求。

综上所述,可以看出土地短期利用中,临时用地、短期租赁、长期租赁和已供应土地短期利用四种方式有着不同的导向用途:

(1) 临时用地有着明确、严格的政策要求,仅限于建设工程、地质勘查等施工必需的用途;

(2) 短期租赁在国家层面尚无明确的政策要求,深圳市率先探索以公共利益为导向的短期租赁用途,主要用于社会主体或政府投资的急需公共服务设施,如电动车充电站、公交场站、混凝土搅拌站等,弥补临时用地的不足;

(3) 长期租赁在国家层面明确不得用于经营性房地产开发用途,但对具体用途未做区分,结合前海等地区长期租赁实践,主要用于商业服务业、公共管理与服务设施、工业与新型产业、物流仓储、交通设施、公用设施等项目用地,禁止住宅、商务公寓等居住性质项目实行长期租赁;

(4) 已供应土地短期利用属于创新的利用方式,尚处于探索阶段,用途范围应予以严格限制,结合前海等地区实践,该类用途以政府审批同意的特定类型急需产业项目为主。

第三节 土地短期利用期限的弹性机制

我国国有土地实行有偿、有限期使用的制度,确定土地使用期限是实现国家土地所有权的关键。土地短期利用的鲜明标志就是使用期限相较法定最高期限明显缩短、年期确定更加弹性,相比一次性、长周期的土地利用方式,从时间维度释放供给活力,有利于促进土地市场的发育和规范,优化土地资源配置。

一、土地短期利用期限需与设施用途相匹配，采用灵活方式进行非永久性建设

在土地公有制下，我国土地实行所有权与使用权相分离的制度，土地使用年限的规定保证了土地所有权不被事实上卖断。使用者可通过有偿方式从所有者处获得一定使用期限的土地使用权，国家作为所有者对国有土地使用权有最终处置权，土地使用年限届满，国家还可以根据具体的情况允许土地使用者申请续期、继续使用土地，或者因为公共利益的需要收回土地再出让给其他土地使用者，体现出国家作为土地所有者的绝对权威。

当前，土地使用权出让最高年限按照土地的用途和土地的收益不同，规定在40年至70年之间。《中华人民共和国城镇国有土地使用权出让和转让暂行条例》对土地使用权出让最高年限按用途作出规定，即居住用地70年，工业用地50年，教育、科技、文化、卫生、体育用地50年，商业、旅游、娱乐用地40年，综合或者其他用地50年。实践过程中，多数用地按照法定最高年限进行"顶格"供应，并且在土地使用权续期操作规定尚未深入实施的背景下，土地长期利用基本等同于"永久性利用"。

然而，一方面，多数企业生命周期达不到用地出让最高期限，用地主体生命周期与用地期限存在较大差异。国家工商总局企业注册局、信息中心综合分析了2000年至2012年底全国新设企业、注吊销企业生存时间等数据，发现近五年退出市场的企业平均寿命为6.09年；中国企业家协会、中国企业联合会发布的中国500强企业名单和分析报告显示，2011年中国500强企业平均寿命只有23年。因产业结构调整、产业转型升级、企业内部经营不善等原因，绝大多数企业生命周期远达不到50年，因此，土地供应年期有必要在最高年限内适当缩短，加强用地主体生命周期与用地期限的匹配性。

另一方面，短期性用途需要匹配相应较短的用地期限。如前文所述，现实生产生活中存在大量临时性、短期性的用地需求，如电动车充换电站、混凝土搅拌站、瓶装燃气站、临时校舍等各类设施。对于这些短期性用途，如果采用短期租赁、长期租赁等方式从土地一级市场获取用地，政府作为土地的所有者和监管者，就有必要分类设定不同设施类型的用地期限，形成指导和规范具体短期利用行为的指引，用以匹配不同周期的短期性用途，实现土地资源高效配置。

土地短期利用期限短、方式灵活，从经济性和可行性角度来看，有必要采用易于安装、拆卸的建筑形式，降低建设和拆除成本，以临时建筑和短期利用建筑为主，同时为防止变相长期占用土地，短期利用土地不得建设永久性建筑。

二、不同短期利用方式的使用期限与建设管理

临时用地、短期租赁、长期租赁和已供应土地短期利用四种用地方式，作为土地供

给的"政策工具箱",有必要设置差别化、适应经济社会发展的分级使用期限体系,以匹配相应用途和利用目标。

（一）临时用地：一般不超过2年,周期较长的施工项目不超过4年,采用结构简易的临时建筑

1. 临时用地使用期限

《土地管理法》中明确规定临时使用土地期限一般不超过2年。《自然资源部关于规范临时用地管理的通知》（自然资规〔2021〕2号）中,进一步强调临时用地使用期限一般不超过两年,从批准之日起算;考虑到建设周期较长的能源、交通、水利等基础设施建设项目施工使用需求,此类临时用地期限不超过四年,在《土地管理法》基础上对期限进行了一定的放宽;同时还规定,城镇开发边界内临时建设用地规划许可、临时建设工程规划许可的期限应当与临时用地期限相衔接,确保规划许可与用地期限一致。

2. 临时用地建设管理

《土地管理法》第五十七条规定,临时使用土地的使用者应当按照临时使用土地合同约定的用途使用土地,并不得修建永久性建筑物。在各地实践中,普遍明确在临时用地上建设应当采用临时建筑的形式,并以临时建设工程规划许可的方式进行建设管控。

临时建筑是单位和个人因生产、生活需要临时建造使用,结构简易并在规定期限内必须拆除的建（构）筑物或其他设施,适应较短期限的临时性空间需求。我国对临时建筑的搭建、使用和管理有比较明确的规定,包括建设规范、使用期限、审批及验收、拆除和不动产权利等方面。

（1）临时建筑建设规范。根据《施工现场临时建筑物技术规范》（JGJ/T 188—2009）等相关标准,临时建筑在构造方面遵循四条原则：一是使用少数标准构件,组成多种类型的建筑物,构件的互换性要强；二是主要承重结构构件的节点连接方法力求简单,做到装拆方便迅速；三是非承重的围护结构,如屋面、外墙和间壁墙等,采用的材料和构件要结实而体轻,又应适宜采用多种材料,以满足不同建筑物的要求和便于就地取材；四是基础处理力求简单。在结构方面,临时建筑一般采用拆装式结构,要求达到利用次数多、装拆快、损耗少、经济指标低的目的,层数一般不宜超过两层、高度不超过12米。

（2）临时建筑使用期限。《土地管理法》等规定,临时建筑不是仅以建筑物构筑结构、建筑材料等物理属性界定,而是要结合用地的性质及期限进行界定。由于临时用地期限一般不超过2年,故临时用地上建（构）筑物使用期限一般也不能超过2年；如果临时用地申请延期或使用期限较久（能源、交通、水利等工程建设临时用地期限可达

4年),临时建筑也可以相应申请延期。另外,从建筑自身设计使用年限来看,《民用建筑设计统一标准》(GB 50352—2019)中,民用临时性建筑的设计使用年限为5年,可以满足规定期限内的安全性及可靠性。

(3) 临时建筑审批及验收。《城乡规划法》第四十四条规定,在城市、镇规划区内进行临时建设的,应当经城市、县人民政府城乡规划主管部门批准。各地对临时建筑的审批管理规定更为详细具体,一般均需要获得临时建设工程规划许可文件,许可文件对临时建筑的使用性质、位置、建筑面积、平面、立面、高度、色彩、结构形式、期限等作出明确规定,其有效期一般不超过2年,延续期限一般不超过1年。临时建筑完成后还需要进行现场验收,经验收合格的核发临时建筑工程验收合格证,合格证列明了临时建筑的使用性质和使用期限。

(4) 临时建筑拆除。临时建筑需要在批准的使用期限内自行拆除。另外,部分地区对临时建筑使用期内的拆除也做了一些具体的规定,比如《深圳市城市规划条例》第四十九条规定,使用期内因城市建设需要,用地者必须服从并按规定时间自行拆除一切临时建筑物、构筑物。用地者有权获得不高于其所交土地使用费百分之五十的补偿。

(5) 临时建筑的不动产权利。临时建筑由于建筑性质和用途的短期性,到时应当无偿拆除,基本限定为自用,一般不能进行转让、出租或抵押等处分流转。同时,考虑前述因素,如果允许临时建筑进行不动产登记,容易在实践中产生部分权利人可能以不动产权证为由不愿意无偿拆除的风险,故而原《城市房屋权属登记管理办法》第二十三条规定"属于临时建筑的"不予登记,在地方层面《深圳市临时用地和临时建筑管理规定》(市政府令第149号)第十九条也规定,临时用地、临时建筑不得办理房地产权登记。临时用地、临时建筑不得买卖、抵押、交换、赠与。因此,一般对临时建筑不进行产权登记。

(二) 短期租赁:不超过五年,续期不超过三年,采用结构简易的临时建筑

《规范国有土地租赁若干意见》(国土资发〔1999〕222号)第四条规定,对短期使用或用于修建临时建筑物的土地,应实行短期租赁,短期租赁年限一般不超过5年。考虑到国民经济与社会发展规划、城市近期建设规划等期限为5年,短期租赁不能影响各层次规划的实施,并且临时性建筑设计使用上限基本不超过5年,参考国家及地方相关规定,明确短期租赁上限不宜超过5年,与长期租赁下限相衔接。

考虑到短期租赁到期后存在仍需继续使用的特殊情形,在不影响近期建设等前提下,经政府批准后可以办理续租。续期最长年限参考深圳市相关规定,不得超过3年,需要重新签订合同,同时应严格控制短期租赁续租,并明确同一宗地续租到期后不得

重新申请短期租赁,防止变相"长期租赁"。

由于短期租赁用途以电动车充电站、公交场站以及其他短期过渡性质的公共服务设施等急需公共服务设施为主,设施适宜采用结构简易、易于拆卸、快速腾挪的临时建筑,而不能采用混凝土现浇等永久性建筑形式。主要影响因素:一是短期租赁用地不能长期使用,临时建筑有益于土地按时收回;二是设施使用期限较短、利用强度不高,从"投入—产出"的经济可行性角度来看临时建筑更为适合。

(三)长期租赁:5~20年,采用过渡性建筑形式

1. 长期租赁使用期限

根据《规范国有土地租赁若干意见》的规定:对需要进行地上建筑物、构筑物建设后长期使用的土地,应实行长期租赁,具体租赁期限由租赁合同约定,但最长租赁期限不得超过法律规定的同类用途土地出让最高年期。

从地方实践来看,以深圳前海为例,前海合作区规定土地租赁期限不得超过10年,后经过修订进一步延长至15年。根据前海近几年土地租赁市场情况,结合企业成本、建筑使用、片区预热程度等情况,最长期限15年已不能满足长期租赁项目的实际需要。同时,结合2020年修订的《深圳经济特区前海深港现代服务业合作区条例》中"可以和承租人签订租期五年以上二十年以下的土地租赁合同"的规定,长期租赁最短不少于5年,最长不超过20年。虽然在长期租赁到期续期方面,前海目前还没有相关规定,但从现实来看,已有部分长期租赁项目即将到期,由于装配式建筑尚未达到寿命期限、企业产品运营等实际原因,企业提出了续租申请。因此,考虑到项目实际情况,应允许"首次租赁不足20年"的长期租赁项目申请续租,累计期限不超过20年的最长期限。

值得注意的是,关于土地租赁适用期限是否限制为20年,理论界和实践中均存在较大争议[①],核心是对租赁土地使用权属于债权还是物权的争议,主要有两类观点:

一类主张将租赁土地使用权定性为债权或物权化的债权,租赁期限适用租赁合同相关规定,不得超过20年。《中华人民共和国民法典》(以下简称《民法典》)第七百零五条规定"租赁期限不得超过二十年。超过二十年的,超过部分无效",该条款承继自原《中华人民共和国合同法》(以下简称《合同法》)第二百一十四条第一款规定,由于承租人并不实际取得用益物权性质的土地使用权,所以在土地出租人和承租人之间形成的租赁(或出租、转租)合同,实际上类似于《民法典》规定的租赁合同,存在适用《民法典》第七百零五条予以调整的可能。例如,2016年10月28日发布的《国土资源部办公厅关于印发〈产业用地政策实施工作指引〉的通知》(国土资厅发〔2016〕38号)规定:

---

① 参见:杨彦威,郝瀚,石易:《国土资源探索丨土地租赁期限可以超过20年吗?》。

"各类产业用地均可采取长期租赁、先租后让、租让结合方式使用土地。以长期租赁方式使用土地的,应按照《规范国有土地租赁若干意见》(国土资发〔1999〕222号)执行,租赁期限按照《合同法》规定,不得超过二十年。"但是,据有关学者研究和考虑相关法律法规出台背景①,对于国有土地使用权的租赁,当时我国法律还没有具体规定,只是在少数地区进行试点,还有待在试行中不断总结经验,原《合同法》立法之初有意回避将第十三章关于租赁合同的规定直接适用于国有土地租赁,而主张将国有土地租赁留给实践进行试点探索。

另一类主张将租赁土地使用权定性为物权,与通过出让方式取得的土地使用权类似,按照《规范国有土地租赁若干意见》(国土资发〔1999〕222号)不得超过法律规定的同类用途土地出让最高年期,不受20年限制。从法律规定上来看,原《中华人民共和国物权法》(以下简称《物权法》)第三编中明确规定的用益物权有土地承包经营权、建设用地使用权、宅基地使用权、地役权四种,第一百二十二条和第一百二十三条规定了海域使用权、探矿权、采矿权、取水权和使用水域、滩涂从事养殖、捕捞的权利,并没有规定承租土地使用权为用益物权。但实践中,有些地区无论是在出台的相关规定中还是在实操中,均认可土地承租人可以取得用益物权性质的土地使用权。如果将承租土地使用权定性为物权,比照土地使用权的出让、转让,由于涉及土地使用权的取得,根据全国人大常委会法制工作委员会编写的《中华人民共和国合同法释义》,土地租赁(出租)宜通过《物权法》进行调整,不宜直接适用《合同法》的相关规定。

根据各地国土部门实践经验,关于长期租赁期限,《产业用地政策实施工作指引》(国土资厅发〔2016〕38号)实施之后,各地实践中的要求不尽相同,其中以要求国有土地租赁期限不得超过20年的居多。

综上所述,笔者认为,无论是将租赁土地使用权定性为物权,还是定性为债权或物权化的债权,在土地租赁制度仍在持续探索完善的背景下,从土地短期利用的角度出发,租赁期限20年已经属于极限,达到一些中长期规划的期限,接近土地长期利用的范畴,有必要予以限制,以与租赁超过20年的土地长期利用相区别。

2. 长期租赁建设管理

长期租赁使用期限为5~20年,但普通临时性建筑设计使用寿命仅为五年,而传

---

① 由专家学者于1995年1月提交的统一合同法建议草案(第一稿)在有关合同种类的条文中将租赁合同列为第十二章,将土地使用权出让与转让合同列为第十四章。随后形成的1995年10月的第二稿、1996年6月的第三稿和1997年5月的第四稿均删除了土地使用权出让与转让合同一章。最终,1999年3月15日由第九届全国人民代表大会第二次会议正式通过的《合同法》,亦采纳了相同的立场。根据全国人大常委会法制工作委员会编写的《中华人民共和国合同法释义》,《合同法》第十三章关于租赁合同的规定不适用于土地使用权的出让、转让和农村土地承包经营权,而对于国有土地使用权的租赁、出租问题,当时我国法律还没有具体规定,只是在少数地区进行试点,还有待在试行中不断总结经验。

统永久性建筑一次性投入成本高、建设周期长，因此需要匹配相应的过渡性建筑形式，满足使用时间较临时建筑更长、易于建设和拆卸的设施需求。

短期利用建筑即是过渡性建筑的一种形式。随着建筑技术与市场的快速发展，在临时性建筑与永久性建筑之间，逐渐衍生出模块化装配、易于拆卸、品质优良、可以较长时间使用的过渡性建筑形式。深圳前海在土地短期利用先行先试中率先提出"短期利用建筑"这一概念，并通过《深圳经济特区前海深港现代服务业合作区条例》（2020年修订）第二十八条进行了界定，即"前海合作区可以根据基础设施建设情况和土地开发建设时序，建设可循环利用、结构相对简易的短期利用建筑，使用期限为五年以上二十年以下，建筑物高度原则上不得超过二十四米"，以立法的形式定义"短期利用建筑"，在临时性建筑到永久性建筑的过渡阶段创新了新的建筑形态，正式确立了短期利用建筑的内涵和定位。

目前，短期利用建筑形式上普遍采用模块化建筑，普遍实现了建设的模块化灵活组合。该建筑形式实现了建筑的快速安装、可拆卸移动、绿色环保，一般只建造地上建筑，不得建设地下空间，建筑基础采用装配式混凝土基础，拆除后可实现土地快速恢复，减少后续土地二级开发的投资建设成本。采用模块化建筑，不仅实现了较短的建设周期，节约了时间和经济成本，而且践行了低碳环保的绿色建筑理念，有利于构建绿色城市。

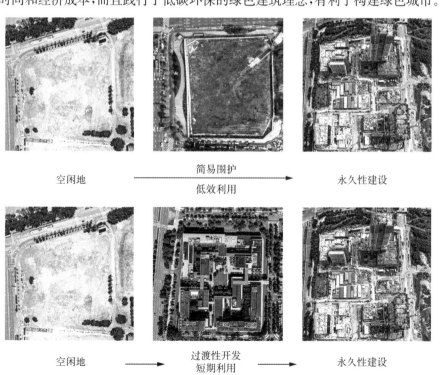

图 5-5　通过长期租赁进行过渡性开发提高时间利用效率

在实践中，一般短期利用建筑的规划设计要求具备如下条件：

①建筑容积率不应超过1.5，覆盖率不应超过50%，建筑高度不应超过24米；

②主体建筑应采用可循环、可拆卸的建筑材料和结构形式，如钢结构，预制装配式等；

③不应建设地下室，可采用半地下室设置停车与设备用房等功能；

④无需建设人防工程，地块内管道（给水、雨水、污水、再生水、电力、通信、燃气等）须与周边市政管网衔接，并满足近远期使用的要求；

⑤应采用低冲击开发技术，综合径流系数不得大于0.5。

可以看出，短期利用建筑与5～20年的土地短期利用相适应，为长期租赁提供了技术基础条件，使得土地短期利用具备了较强的可行性，有利于更加弹性灵活地建设和利用土地。

（四）已供应土地短期利用：使用期限与"空窗期"相关，不宜超过十年

利用已供应土地在一定时段内的"空窗期"进行短期利用，快速建设一些短期急需的设施，目的是提高土地资源利用效率，是在土地长期利用制度上附加的一种过渡性利用行为，在现行政策中没有相关规定。考察已供应土地短期利用的本源，可以看出其短期利用期限首先与"空窗期"密切相关，又与短期急需的设施使用周期相关，因此在不妨碍远期建设的前提下，已供应土地短期利用期限应与急需设施使用期限相协调。

由于现行制度并未规定已供应土地短期利用的情形，可以结合地方实践了解其使用期限情况。以前海深港创意设计产业园（一期）为例，该项目用地经土地整备出让给权利人作为商业办公用地（40年），其中短期利用期限为8年，在此期间利用现有建筑开展文化创意产业的孵化，未来待周边片区配套和永久性设施完善成熟后将拆除重建。

由此可以提出一个初步标准，在已供应土地上建设的过渡性急需设施最长不宜超过10年（两个国民经济与社会发展规划的周期），项目到期后自动拆除，并按照原土地合同规划设计条件建设，相应短期利用期限最长不超过10年；同时，考虑到已供应土地按长期规划开发建设的需要，短期利用期限不设置下限。相应地，已供应土地短期利用可以综合考虑用途需求及经济可行性，灵活采取临时建筑或短期利用建筑等形式进行建设。

值得注意的是，对已供应土地开展短期利用不改变已供应土地使用权的起止期限，已出让土地剩余使用期限不足10年的，短期利用期限最长不超过剩余使用期限。

第四节　土地短期利用的产权管理制度

土地产权制度是土地管理制度的重要依据和基础,土地产权明确了权利人对土地的用益、流转、管理等权益,明晰土地产权权利内容直接关系权利人的切身利益,对调整土地法律关系有重要作用。因此,建立健全短期利用土地产权制度,明晰其权利内容,厘清短期利用土地法律关系,是短期利用制度体系构建的重点。

一、短期利用土地权利需要进一步丰富完善

对土地权利的研究在国外最早可追溯到古希腊的梭伦立法时期,在中国则可以追溯到西周时期。事实上,早在罗马时期就已经产生了关于土地所有权、用益权、地役权等土地权利的基本概念,而我国虽然土地立法历史较为久远,但关于土地权利的研究却并不多,近现代比较有影响的土地权利学说主要有"平均地权"理论、"耕者有其田"理论、"土地公有"理论、农村土地承包经营理论、土地管理控制理论、土地物权理论等。

自新中国成立以来,伴随着经济和社会建设,我国土地权利制度也经历了诸多变化,在土地所有权和使用权分离制度得以确立和巩固的大背景下,随着物权理论研究的深入,土地物权理论逐渐有所突破,并开始在我国确立。2007年原《物权法》将土地权利定性为"物权",这也标志着我国开始全面构建面向市场经济的土地产权制度,基本形成了以土地所有权、土地使用权、土地抵押权、地役权等权利为核心的土地产权体系,并且在2021年施行的《民法典》(图5-6)中得以延续。

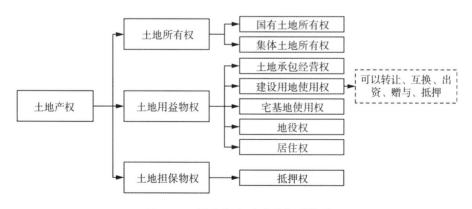

图5-6　《民法典》规定土地权利类型

长期以来,我国以划拨、出让等方式供应土地的权利实践较多,而对租赁土地等短期利用土地权利实践较少,某种程度上限制了短期利用土地的抵押、贷款、交易等市场活动的开展,具体表现为:一是对租赁土地权利认识仍不充分。普遍观点认为,租赁供地模式是出让供地模式的补充,被界定为土地有偿使用的一种形式,其本质是以租赁方式从土地一级市场取得国有土地使用权。但也有不同的观点认为,依租赁方式取得的利用土地的权利在实质上仍属于一种债权,无法与以出让方式取得的利用土地的权利(物权)相比拟,建设用地使用权之设立仍应维系原《物权法》中有偿(出让)与无偿(划拨)两种类型化上的区分,租赁不能作为建设用地使用权的设立方式。二是租赁土地产权实践仍然处于探索阶段。为了规范租赁供地模式,原国土资源部根据《土地管理法实施条例》的规定,于1999年7月27日发布的《规范国有土地租赁若干意见》明确规定承租人依土地租赁合同取得"承租土地使用权",经土地行政部门同意后或依合同约定,"可将承租土地使用权转租、转让或抵押""承租土地使用权转租、转让或抵押,必须依法登记"。但在实践中,对于租赁供地模式的权利界定、租期确定、租金核定,以及与土地出让的关系等问题,仍存在着不同的意见,实际工作中也遇到了一些操作上的问题,至今仍然处于探索阶段。

结合以上探讨的土地权利类型,考虑短期利用主要针对的是国有建设用地,同时结合短期利用的特性,不难看出,短期利用涉及的权利类型事实上仅包括建设用地使用权和抵押权,相较于传统出让土地的权利内容、权利限制,短期利用土地权利设置时需考量的因素无疑会更多(图5-7)。

(一)临时用地

临时用地既可以建立在国有土地所有权之上,也可以建立在集体土地所有权之上。考虑其设立目的和用途,临时用地的土地权利类型仅有一定程度上的、不完整的土地使用权,且仅包括占有、使用的权利,具体来说,临时用地使用权人在缴纳土地使用费后,在用途和建筑物等限制条件下,可以直接占有土地进行使用,但并不能获取使用土地的经营性收益,如转让或出租土地使用权等。同样,考虑临时用地上的临时建筑特性,临时用地主体仅享有临时建筑的使用权。

值得一提的是,临时用地在国家层面并未规定有请求续期的权利,但此前,在各地方实践中不乏使用期限届满后申请续期的相关制度安排,自2021年《自然资源部关于规范临时用地管理的通知》出台之后,部分地区针对临时用地政策也进行了相关修订,针对续期制度作出了调整或删除,临时用地主体是否享有请求续期的权利仍有待探索。

(二)短期租赁

与临时用地类似,短期租赁同样仅拥有受限制的土地使用权,短期租赁用地及其地上建(构)筑物不能转让、转租或者抵押。

（三）长期租赁

相较于临时用地和短期租赁的临时特性,长期租赁需要对土地及地上建筑物、构筑物进行建设后长期使用。为了保护长期租赁使用权人的合法权益,以及维护市场及交易的稳定性,有必要对长期租赁的权利范围和内容进行适当的界定和扩充,对其建设用地使用权和抵押权作一定的探讨。

一方面,长期租赁作为土地有偿使用方式的一种补充,直接从土地一级交易市场获取土地使用权,其所取得的建设用地使用权应当是完整的、不受限制的,即拥有占有、使用、收益的权利和保有、处分建筑物、构筑物及其附属设施的权利。另外,还有请求续期的权利,虽然其续期期限会受到限制。另一方面,长期租赁建设用地使用权可以流转,但不能超过合理限度。具体而言,长期租赁建设用地使用权允许转让、出租、互换、出资、赠与、抵押,但考虑其受到租赁年期的限制,其在行使相关流转权利时天然地会受到限制。例如,进行转让、出租的,其转让年期应不超过剩余租赁年期;进行抵押的,其所抵押的价值不能超过已缴纳地价剩余年期部分;进行出资的,其出资时限、出资额度同样会受到影响。

（四）已供应土地短期利用

考虑已供应土地短期利用是建立在使用权人自身持有的已供应土地之上,即使不开展短期利用,用地主体也享有土地使用权,针对原先用地主体开展的短期利用,不应对其原先享有的土地使用权作过多限制,除了限制建筑物、构筑物及其附属设施的建设类型和条件之外,对其建设用地占有、使用、收益的权利无须设限,唯一的区别在于其保有和处分建筑物、构筑物及其附属设施的权利会受到一定限制。

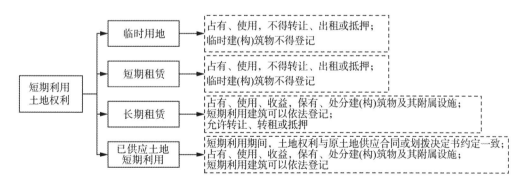

图 5-7　短期利用土地及地上建(构)筑物权利类型

二、对使用期限较长、非临时建筑的短期利用可以放宽产权登记限制

各国立法对物权公示的规定大概可以归纳为：动产物权的公示方法为交付，不动产物权的公示方法为登记。我国《民法典》也明确"不动产物权的设立、变更、转让和消灭，经依法登记，发生效力；未经登记，不发生效力"，同时也规定了多种登记效力模式，主要包括登记生效主义（如土地抵押权）、登记对抗主义（如土地承包经营权、地役权）。由此可见，登记制度是公示原则的必然要求，也是明确物的归属、维护社会主义市场经济秩序的必然要求。不动产统一登记对建立健全现代产权制度有十分重要的意义，不仅有利于提高资源资产利用效益和社会管理效益，还有利于更好地保护不动产权利人合法财产权。不动产统一登记制度的建立，有利于提高政府治理效率和水平，大大减少政府行政成本，减轻群众的负担。

目前，我国不动产登记工作主要按照《不动产登记暂行条例》（2019年修订）等规定开展，登记的内容包括不动产的坐落、界址、空间界限、面积、用途等自然状况，不动产权利的主体、类型、内容、来源、期限、变化等权属状况；涉及不动产权利限制、提示的事项等。申请登记的材料包括：①登记申请书；②申请人、委托代理人身份证明材料、授权委托书；③相关的不动产权属来源证明材料、登记原因证明文件、不动产权属证书；④不动产界址、空间界限、面积等材料；⑤与他人利害关系的说明材料；⑥法律、行政法规以及条例实施细则规定的其他材料。登记的程序主要为当事人或其代理人提出申请并提交申请材料—不动产登记机构审核受理—查验（可实地查看或调查）—核发不动产权属证书或者登记证明。客观来讲，不动产登记操作层面的规定较为清晰，随着电子政务化的推行，登记也变得愈发便利。

明确短期利用权利内涵、探索短期利用产权登记是土地短期利用的迫切需求。目前，实践中租赁土地多数尚未办理产权登记，企业无法以租赁取得的土地使用权进行抵押、贷款、融资、转让等正常的市场活动，在开发建设过程中难以通过自身持有土地快速实现资金周转和融通，一定程度上延缓了土地开发进程，不利于土地价值的充分实现。因此，在需要给予租赁等短期利用方式产权的同时，还要探索研究租赁产权的融资（贷款、抵押）额度限制，规范转让等权利限制，健全土地租赁权利体系，缓解企业融资难问题，充分释放市场主体活力，使短期利用的制度价值得以充分发挥。

（一）临时用地和短期租赁

考虑临时用地与短期租赁目的是提供保障建设需要或急需的公共服务，且期限短、用途管控严，为防止用途擅自改变等风险，需明确规定不得流转、不得办理产权登记，因此，临时用地与短期租赁不适宜赋予转让、出租或抵押的权利，相应的土地及地上建（构）筑物不适宜办理不动产登记。

（二）长期租赁

对使用期限较长的长期租赁用地而言，用地主体往往有着类似出让土地的灵活处置诉求，并且需要盘活资金，对租赁土地处分的各项权利均有一定需求，可参照土地经营权的设立和登记，进一步明确长期租赁土地转让、出租和抵押的具体规则，实现从"一刀切的禁止"转变到"精细化风险管控"。同时，租赁土地流转市场放开后，需要采取有效措施保障权利人权益、避免不规范操作带来的风险，应允许土地及地上房屋办理不动产登记，逐步引导长期租赁市场规范化和制度化。

在转让方面，原租赁合同约定的权利、义务相应转移，因此须三方共同签订转让协议。但为保障权利完整性，需明确不得分割转让。考虑"出资、互换、赠与"实质即"转让"，因此不再单独列举。

在转租方面，参照出让土地的出租，相关权利义务不变，出租期限不超过剩余土地租赁期限，同时，为了控制风险，规定第三人通过出租方式取得的租赁土地使用权及地上建（构）筑物不得转租。

在抵押方面，参考雄安新区土地租赁的有关规定"抵押金额不能超过土地承租权益金额和建筑物及附着物余值之和"，应对租赁土地抵押金额设置限制条件，即"抵押总金额不能超过土地承租权益金额和建筑物及附着物余值之和，抵押权实现时租赁土地使用权同时转让"。同时，对分期缴纳租金的情况需要进行规定，土地承租权益 V 只能按照合同租金与市场租金的差值及剩余租期估值（图 5-8），不得影响出租人权益。

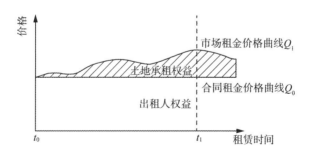

图 5-8 分期缴纳租金的土地承租权益示意

结合实际调研和相关政策法律分析，在放宽权利的同时，长期租赁办理产权登记既有可行性又有必要性。就可行性而言，长期租赁符合不动产登记申请的形式要件，可提供不动产登记申请材料，同时又不属于相关法律法规不予登记的情形。就登记的必要性而言，也应允许办理产权登记：①不动产物权经登记后才发生效力。长期租赁使用期限较长（5～20 年），不动产物权权益较大且相对稳定，在市场在资源配置中起决定性作用的环境下,不动产物权变动和处分情形大量存在,需要进行登记依法保障相关权益。②部分企业对用地用房产权证明文件有要求。部分企业对用地用房产权要求高,需要明确的不动产证书作为参与建设开发或招引入驻的前提条件。③租赁土地向市场企业开放需要不动产登记保障权益。从目前土地租赁项目来看,仅依靠国企短期利用规模有限、资金压力较大,难以快速实现片区预热的需求,有必要引入其他市场主体、加快提升土地租赁效益。而引入其他市场主体,前提是必须给予企业完整的不动产物权保护,稳定市场预期,因此应允许不动产登记,规范和保障市场秩序,防范因不动产未登记产生的权属争议和处分风险。部分地区实际开展的土地租赁项目中,短期利用建筑的建设、审批和管理同永久建筑物一致,拥有建设工程规划验收合格、竣工验收合格等证明文件,就具备申请不动产登记的条件。

（三）已供应土地短期利用

已供应土地的权利由划拨决定书或出让土地使用权合同约定。短期利用期间已供应土地涉及转让、出租或抵押的,按照划拨决定书或土地使用权出让合同约定执行。

已供应土地及依法建设的短期利用建筑可以按规定办理不动产登记。短期利用建筑可循环利用、结构相对简易,使用期限为 5 年以上 20 年以下。实际管理过程中短期利用建筑按高标准、高质量建设,并参照永久性建筑进行审批、管理,按规定可以办理房屋所有权登记。

第五节　土地短期利用的地价计收规则

地价是国有土地有偿使用管理的重要政策工具,对优化资源要素配置、提高土地节约集约利用水平、推动土地供给侧结构性改革发挥了杠杆调节作用。本节基于地租地价理论,重点探究短期利用地价内涵、制度问题、地价计收思路等内容,探索构建短期利用地价计收体系,引导各类要素资源在短期利用时序内集聚集约流动。

一、地价概念及内涵

（一）地价概念与形式

我国实行土地公有制,土地交易不涉及土地所有权变更,因此,所缴交的地价指的是一次性出让或转让若干年的国有建设用地使用权所获得的收入,即一次性收取的若干年地租。古典自由主义者萨伊提出"三位一体"分配论,即工资是劳动的补偿,利息是资本的补偿,地租是使用土地的补偿。马克思在继承和批判该理论的基础上创新提出地租理论,认为地价是地租的资本化,二者的关系为:地价＝地租/资本化率。

地价作为土地权利和预期收益的购买价格,是土地产权各项权能价格之和。《城镇土地估价规程》明确规定,"地价是在市场条件下形成的土地权利价格,包括公开市场条件下形成的客观合理价格和在特定市场条件下形成的市场关联各方可接受的价格"。因此,不同市场条件下土地权利不一,所体现的地价也不相同,按权利类型可以分为土地所有权价格、土地使用权价格、土地租赁权价格、土地抵押权价格及其他项权利价格;按照价格形成方式可以分为基准地价、标定地价、交易地价等。

（二）短期利用地价内涵

短期利用作为一种灵活利用的形式,其地价是短期内地租现值之和,即土地所有权在短期内经济上的实现形式。由于不同短期利用方式市场条件、权利状态等因素不同,各类土地短期利用地价内涵不一(表5-7)。临时用地地价是指按照工程项目建设施工、地质勘查等规定用途使用,限制土地转让、转租或抵押权利,使用期限最高两年的土地权利价格。短期租赁地价是指按照急需公共服务设施建设用途使用,限制土地转让、转租或抵押权利,使用期限最高五年的土地权利价格。长期租赁地价是指在现状开发利用、正常市场条件下,使用期限最高二十年的土地权利价格。已供应土地短期利用地价是指在正常市场条件下,考虑土地利用条件变化,使用期限最高十年的土地权利价格。

表 5-7 土地短期利用地价内涵表

短期利用情形	容积率	使用年期	土地开发水平	评估基准日
临时用地	按批准容积计算	≤2 年	宗地外道路通达,宗地内道路平整、形状规则,便于项目施工	申请批准日
短期租赁	按批准容积计算	≤5 年	五通一平	申请批准日
长期租赁	按短期规划容积计算	≤20 年	五通一平	合同签订日
已供应土地短期利用	按批准容积计算	≤10 年	五通一平	申请批准日

二、地价计收模式

各地在上位政策规定基础上探索短期利用地价计收规则,其中土地租赁初步形成公示年租金、租金与市场地价挂钩两种地价计收模式。

(一)公示年租金模式

公示年租金模式指将国有土地年租金标准纳入基准地价体系,分类分级确定年租金标准,为市场成交提供底线参考价。

为加强土地资产管理,济宁市根据《山东省国有土地租赁办法》关于国有土地租金标准与基准地价相匹配的规定,结合用地性质、租赁期限等因素制定2019年中心城区国有土地年租金标准(表5-8),并明确了新增用地租赁、划拨用地调整用途、有偿使用土地调整用途等情形年租金计收规则:

(1)新增国有建设用地办理国有土地使用权租赁手续的,年租金按不低于年土地收益的70%征收;

表5-8 2019年济宁市中心城区国有土地年租金标准[①]

土地用途	土地级别	年土地收益/(元/米²)
商服用地	Ⅰ	422
	Ⅱ	255
	Ⅲ	177
	Ⅳ	99
	Ⅴ	68
住宅用地	Ⅰ	372
	Ⅱ	304
	Ⅲ	237
	Ⅳ	143
	Ⅴ	85
工业用地	控制区Ⅰ	54
	控制区Ⅱ	43
	Ⅰ	31
	Ⅱ	27
	Ⅲ	21

(2)划拨国有建设用地使用权改变批准用途的,年租金为实际用途年土地收益扣减原批准用途年土地收益的60%;

(3)以有偿使用方式取得国有建设用地使用权改变批准用途的,按年度缴纳土地差价款(年租金)的,年租金为实际用途年土地收益扣减原批准用途的年土地收益;

(4)济宁市中心城区基准地价评价范围之外的国有土地租金标准,参照同类用途的末级级别的租金标准确定。

---

① 数据来源:济宁市人民政府官网。

(二)租金与市场地价挂钩模式

租金与市场地价挂钩模式强调市场化确定租金标准,并考虑租金缴交方式、租金增长率、租期等科学设置调整系数,为市场成交提供直接参考价。

2018年,佛山市人民政府印发《佛山市国有建设用地使用权价格及租金计收标准》,明确规定结合土地市场价格、土地纯收益增长率等指标,设定国有建设用地出租和临时租赁租金计收、已出让国有建设用地调整利用条件地价计收等规则,其中土地市场价格选取公开交易成交价、经容积率修正后的基准地价、土地中介机构评估价格中的最高值。

(1)长期租赁地价计收

长期租赁土地租金按合同签订时的土地市场价格折算计收,逐年缴交租赁期租金的,按折现前的租金折算系数计算;一次性缴交两年或两年以上租金的,按折现后的租金折算系数累加计算。

(2)临时租赁地价计收

临时租赁指单次土地租赁期限不超过2年,以现状条件出租的土地,租金水平与土地市场价格、租期挂钩。土地租金按合同签订时的土地市场价格计算年租金标准的30%计收;租赁期连续累计超过6年或3个租赁期的,从第7年或第4个租赁期开始调整为土地市场价格计算年租金标准的50%。

(三)国有土地租金计收模式对比

公示年租金模式、租金与市场地价挂钩模式均考虑租金与地价的均衡,并针对不同情形地价内涵设置差异化地价计收规则(表5-9)。两种模式在地价计收目标及考量因素上差异较大,适用情形不同。如公示年租金模式强调与政府调控的基准地价挂钩,适用于政府管理用地价格的公共设施建设项目,以地价优惠的方式向市场供给短期用地;租金与市场地价挂钩模式更强调反映市场交易实际情况,适用于市场化供给的公共设施及产业建设项目。

表5-9 济宁模式与佛山模式地价计收对比表

模式	计收标准	调整方式	缴纳方式
济宁模式	与基准地价挂钩	三年更新调整	—
佛山模式	与市场地价挂钩	按租金增长率逐年调整	逐年缴交/一次性缴交

三、地价计收问题

(一)临时用地补偿标准不统一

国家仅对临时用地补偿费进行了原则性规定,《土地管理法》(2019年修订)第五十七条规定"建设项目施工和地质勘查需要临时使用国有土地……按照合同的约定支付临时使用土地补偿费"。实际工作中临时用地补偿费缺乏统一规范标准,补偿标准相差悬殊。具体来看,山东省明确临时用地补偿费包括土地补偿费、地上附着物和青苗补偿费等,统一规定临时占用农用地补偿费用不低于 2 500 元/亩,占用其他土地每年不得低于 1 800 元/亩;难以恢复原耕作条件的,按照该地块征地区片综合地价标准的 80% 补偿。广东省根据用地情形分类设置补偿标准,临时使用农用地的土地补偿费,按该土地临时使用前三年平均年产值与临时使用年限的乘积数计算;临时使用建设用地的,按当地国有土地年租金与临时使用年限的乘积数计算;临时使用未利用地的,按邻近其他耕地补偿标准的百分之五十补偿。

各地在临时用地补偿费计收标准上未建立统一的规则,不利于激励使用主体将外部费用内在化,优化土地资源配置。

(二) 国有土地租金未充分显化市场价值

《规范国有土地租赁若干意见》(国土资发〔1999〕222 号)规定,国有土地租金应与地价标准相均衡,承租人取得土地使用权时未支付其他土地费用的,租金标准应按全额地价折算;承租人取得土地使用权时支付了征地、拆迁等土地费用的,租金标准应按扣除有关费用后的地价余额折算。实际操作过程中各地确定收取的国有土地租金大多未充分显化市场价值,具体表现在以下两方面:

1. 国有土地租金标准过于片面

在评估及管理确定国有土地租金时,基准地价、标定地价成为重要参考标准,如江西省规定工业用地租金不低于国家标准,协议供应其他土地不低于基准地价的 70%;江苏省规定土地租金保护价应以基准地价和标定地价为基础,参照当地的市场价格评估确定。由此可见,在确定国有土地租金时,各地均未充分考虑土地租赁性质、功能、期限以及租赁土地收益和投资风险等因素,或造成国有土地租金标准缺乏市场灵活性。

2. 国有土地租金调整条件不全面、不规范

调整土地租金是平衡双方利益、适应土地市场化的要求,而目前各地规定的土地租金调整规则并不一致。就土地租金调整方式而言,共有法定和约定两种方式,法定调整明确了调整期限及规则,如浙江省规定每三年根据基准地价调整幅度对土地租金作出相应调整;约定调整则通过合同条款约定租金调整条件和方式,如上海市规定国有土地租金应当根据最低标准调整时间和幅度作相应调整,租赁合同另有约定的,从其约定。就土地租金调整间隔而言,有的地方严格规定每三年调整一次,过于僵化的调整方式或在市场变化不大时额外增加交易成本;而有些地方没有规定具体期限,甚至长时间不予调整租金,造成国有资产隐性浪费。就土地租金调整程序而言,我国尚

未建立规范合理的土地租金调整程序,对公共利益及土地承租人利益的保护仍有待完善。

(三)已供应土地短期利用地价计收规则不明晰

国家、省、市尚未明确规定已供应土地短期利用的地价计收规则,考虑已供应土地短期利用属于土地利用条件调整情形,可参照已供应土地用途和容积率调整情况计收地价。《国务院关于加强国有土地资产管理的通知》(国发〔2001〕15号)明确规定严格实行国有土地有偿使用制度,对出让土地,凡改变土地用途、容积率的,应按规定补交不同用途和容积率的土地差价,土地差价计算公式为:应当补缴的土地出让金额=批准改变时的新土地使用条件下土地使用权市场价格-批准改变时原土地使用条件下剩余年期土地使用权市场价格。由此可见,已供应土地短期利用可按照土地利用条件变化前后地价差额补缴差价;但差额为负时,尚未明确多缴地价是否退回。因此,亟须进一步完善已供应土地短期利用地价计收规则,规范用地秩序。

四、地价计收原则

为充分发挥地价对资源要素优化配置的作用,保障急需的公共服务设施及重点项目建设,应坚持"三平衡"原则科学确定不同短期利用方式地价计收规则。

(一)短期利用地租与地价合理平衡

在相同用途、使用年期、权利限制等条件下,无论土地使用者选择租赁还是出让,其付出的资金代价应基本一致。综合考虑土地短期利用适用范围有限、市场竞争不充分等特点,短期利用地价计收标准应以基准地价为基础、市场价格为参考,并结合不同短期利用方式特点确定,但不得低于出租底价和国家规定的最低租金标准。

(二)地价政策普适性与差异化平衡

综合考虑不同土地短期利用方式地价内涵差异,从建筑用途、使用年期、产权条件等方面设置普适性的修正系数。同时,坚持产业发展导向,给予重点产业项目、符合产业发展导向项目差异化地价优惠,加快资源要素聚集。

(三)计收方式稳定性与多样化平衡

综合考虑短期利用方式特征及地价计收成本,对临时用地、短期租赁、已供应土地短期利用等方式不考虑地价调整情况,并采用一次性缴纳方式计收地价;对长期租赁则给予分期缴纳、一次性缴纳等多种计收方式,降低企业用地门槛。

五、地价计收思路及建议

（一）临时用地

临时用地用途特定、对土地功能影响可控，一般地，临时使用并恢复原状后，不改变原地类用途和功能，属于类似"过渡性占用"的情形，市场化程度较低。因此，建议临时用地使用费应与政府调控的基准地价衔接，分类型、分主体、分面积、分区域差异化计收地价，具体规则如下（表5-10）：

1. 综合考虑用地类型、外部性因素设定地价标准

临时使用农用地的，按该土地临时使用前农业生产年产值与临时使用年限的乘积数计算土地使用费；临时使用建设用地的，按不同用途国有土地年租金与临时使用年限的乘积数计算土地使用费；临时使用未利用地的，按邻近其他耕地补偿标准、土地收益比较修正系数及临时使用年限的乘积数计算土地使用费。此外，涉及临时使用期间外部性的，还应考虑基准地价及土地损失率确定周边用地损失补偿，其中基准地价未覆盖的区域可使用"区片综合价"来代替。

2. 政府部门临时用地免收土地使用费

当政府部门作为临时用地使用主体，临时使用国有土地时，应免收临时用地使用费，减少财政资金"空转"，提高资金使用和项目审批效率。同时，加强此类临时用地批后监管，防止以公共利益名义申请临时用地后转经营性开发用途。

表5-10 临时用地使用费计收规则表

用地类型	计收标准	修正系数	备注
农用地	农业生产年产值	用地面积阶梯调整系数	政府部门作为临时用地主体，临时使用国有土地的，免收临时用地使用费
建设用地	不同用途国有土地年租金	用地面积阶梯调整系数、集中临时用地建设区专项优惠系数	
未利用地	邻近其他耕地补偿标准	土地收益比较修正系数、用地面积阶梯调整系数	

3. 按用地面积阶梯式设置调整系数

为防止临时用地闲置或低效利用，提升项目节约集约用地效率，对于超出用地规模部分设置阶梯调整系数，一般地，用地面积越大调整系数越高。以某地临时用地管理为例，2 000平方米（含）以下的部分，修正系数为1.0；2 000平方米以上3 000平方米（含）以下的部分，修正系数为1.5；3 000平方米以上的部分，修正系数为2.0。

4. 设定集中临时用地建设区专项优惠系数

设定专项地价优惠系数，支持发展集中选址、统一规划建设运营的集中临时用地新模式，鼓励有临时生活、办公用房需求的企业入驻集中临时用地区域，通过统一建设节约各项成本，提升用地效率。

（二）土地租赁

国有土地租金实际上是土地租赁权益在合同期内的补偿价格，即土地使用者在使用土地期间向土地所有者支付的费用。年租金标准的确定和租赁修正系数的构建是土地租赁管理的核心问题，为进一步提升租赁土地资源利用效率，建议明确年租金标准确定方式，差异化设置修正系数，具体规则如下（表5-11）：

1. 按租赁期限设定年租金标准

国有土地租赁年租金标准应与地价水平相均衡。短期租赁适用于急需公共服务设施用地，项目具有一定公益性质且用地权利限制严格，因此，短期租赁年租金标准可直接根据周边基准地价或修正后的市场地价确定。长期租赁适用范围广、市场化程度高，年租金标准应与市场地价衔接，其中市场地价可按照标定地价修正、剩余法评估等多种方法综合确定。

2. 考虑权能、用途、项目类型等差异设定修正系数

短期租赁地价为所在区域基准地价与年期修正系数之积，或者所在宗地市场地价、短期租赁项目修正系数与年期修正系数之积，其中短期租赁项目修正系数可以参考短期租赁土地纯收益与长期出让土地纯收益之比、短期租赁权利限制对地价负向冲击程度等指标综合确定。长期租赁地价为所在宗地市场价格与年期修正系数、用途修正系数、项目类型修正系数、产业导向修正系数之积，其中项目类型修正系数考虑重点项目财政补贴额度折算用地优惠确定，产业导向修正系数考虑拟支持发展的重点产业类型财政补贴额度折算用地优惠确定。

3. 建立短期租金免调与长期租金动态调整机制

短期租赁时间较短，在市场平稳状态下频繁调整租金或将增加管理成本，因此，短期租赁期间不予调整租金。长期租赁租金调整可结合基准地价更新周期、国家宏观调控政策周期等，采用3～5年调租期，具体调整方式为固定增长率或固定增长额，其中设置固定增长率的可结合城市地价指数、物价指数及基准地价增长率等因素综合确定。

4. 创新多样化土地租金计收方式

考虑短期租赁总体地价水平不高且租金相对稳定，采用一次性计收地价方式，节约地价计收行政成本。同时，为降低企业用地门槛，吸引发展前景好、资金实力暂时不足的初创型企业入驻，长期租赁可按年度、分期或一次性计收地价。以某地为例，15年期租赁用地一次性支付地价总额为2.6亿元；按照5.5%的土地还原率计算，选择按年度缴纳方式，首期年租金为2470.1万元，相当于首期缴费门槛降低约90%。

表 5-11　土地租赁地价计收规则表

租赁类型	计收标准	修正系数	租金调整及计收方式
短期租赁	基准地价或修正后的市场地价	年期修正系数、短期租赁项目修正系数	不调整，一次性计收
长期租赁	市场地价	年期修正系数、用途修正系数、项目类型修正系数、产业导向修正系数	3～5 年调租期，按年度、分期或一次性计收地价

（三）已供应土地短期利用

已供应土地短期利用地价主要表现形式为短期已缴纳地价与补缴地价之和。目前已供应土地短期利用尚无明确的地价计收规则，其核心问题在于短期利用期间土地价值提升是否补缴地价。从政策导向上看，《国务院关于加强国有土地资产管理的通知》（国发〔2001〕15 号）、《协议出让国有土地使用权规定》（国土资源部令第 21 号）等相关政策对土地利用条件变更情形作出规定：对于土地利用条件变化的，应当补缴的土地出让金额为土地利用条件变化前后地价差额。可见因土地价值上升造成土地出让金相对少交的，为防止国有土地资产流失应予以补缴；同时，因土地利用价值下降造成土地出让金相对多交的，出于鼓励企业高效利用土地的考量不予地价补偿，即按照"多不退、少要补"的原则计收地价。

综上，已供应土地短期利用期间涉及土地用途和容积率调整的，参照土地利用条件变更情形地价计收规则，按短期利用期间土地利用条件变更后与变更前的差额一次性补缴地价；如差额为负，不再计收地价。例如，允许开发主体在分宗开发大面积产业用地时，在部分宗地上进行短期开发利用，到期后按照长期规划实施，由于项目短期利用期间土地价值未提升，不再额外计收地价。

第六节　土地短期利用的到期处置

到期处置与收回是土地短期利用的最后环节，也是关系短期利用方式能否行得通、管得住的关键环节。正因为土地是"短期利用"，最终要将短期利用的土地收回，纳入储备库，并按照规划要求开发利用，所以土地短期利用应当明确到期处置和收回的要求，并且要有强有力的保障措施。

一、到期处置

《民法典》规定,对于住宅建设用地使用权期限届满的自动续期;非住宅建设用地使用权期限届满后的续期,依照法律规定办理。一般情况下,通过出让、租赁等方式取得的土地使用权在合同约定的使用期限届满时,用地主体未申请续期或者申请续期未获批准,政府将收回土地使用权。同样地,土地短期利用期限届满,原则上要由政府无偿收回土地使用权,对于少数确有需要、符合一定条件的情形才能予以续期。此外,还对长期租赁到期后转出让的特殊情形进行了探讨,衔接过渡土地短期利用与长期利用。

(一)无偿收回

土地短期利用合同到期后,用地主体没有继续进行土地短期利用的需求,且在规定期限内没有向政府申请续期或转出让的,政府部门依法依规无偿收回,纳入土地储备管理。值得说明的是,已供应土地短期利用期限届满后,土地使用权仍归权利人所有,权利人要按照原土地供应合同约定用途进行开发建设。

短期利用期间建设的建(构)筑物,期满后原则上应由用地主体自行拆除并恢复土地原状,拆除的地上建(构)筑物政府不予补偿;土地租赁期满后建(构)筑物经评估仍可以继续安全使用的,允许保留并无偿移交政府。

(二)续期

1. 临时用地续期

根据《自然资源部关于规范临时用地管理的通知》(自然资规〔2021〕2号)的规定,临时用地使用期限一般不超过两年,建设周期较长的能源、交通、水利等基础设施建设项目施工使用的临时用地,期限不超过四年。因此,临时用地使用两年(一般项目)或四年(周期较长的基建项目)期限届满后,一般情况下不得续期;在实践中,对于首次使用期限不足最高限制年期的临时用地,可以允许续期到最高限制年期。

值得注意的是,以往实践中存在临时用地到期后,在用地主体、用途和空间范围等用地条件不改变的情况下,原用地主体通过重新申请临时用地进行"变相续期"的现象,其实质是突破了临时用地最高限制年期的规定,不利于规范管理临时用地和集约节约用地,有必要明确禁止此类行为的发生。

2. 短期租赁续期

《规范国有土地租赁若干意见》(国土资发〔1999〕222号)明确规定,对短期使用或用于修建临时建筑物的土地,应实行短期租赁,短期租赁年限一般不超过五年;但未对续期作出规定。在各地探索中,深圳市专门出台了《深圳市国有建设用地短期租赁管理办法》,对续期进行了详细规定:短期租赁期限届满后承租人仍需继续使用的,应在租赁期届满前2个月向派出机构提出续租申请,由派出机构征求行业主管部门意见后,报区政府审批,经区政府批准的,可续租一次,重新签订短期租赁合同,续租年限不得超过3年,自原短期租赁合同期满之日起算。

考虑短期租赁使用五年到期后仍需继续使用的特殊情形,在不影响土地下一步开发建设等前提下应允许办理续租,但需要限定在公共服务属性强、过渡性腾挪安置等类型,为保障用地续期对片区开发的合理性,有必要履行专门的项目论证及公众听证程序,并经政府批准后予以续期,目的是严格管控短期租赁使用期限。此类续期期限最长不应超过一次性短期租赁上限(5年),可以参考实际项目需求确定为2~3年;同时应明确同一宗地续租到期后不得重新申请短期租赁,防止事实上的"短期"变"长期",变相成为"长期租赁"。

3. 长期租赁续期

对于长期租赁的土地,首次租赁不足20年、期满仍需继续使用的,用地主体应在期满前,在规定的期限内提出续租申请,经政府审批同意后,可续租一次,签订长期租赁补充协议,累计租赁期限不得超过20年。

《深圳市人民政府关于完善国有土地供应管理的若干意见》(深府规〔2018〕11号)规定,对于长期租赁的国有建设用地,经市政府批准,工业及其他产业用地实行长期租赁的,以招标、拍卖、挂牌等公开竞价方式确定承租人,租赁期限不少于5年且不超过20年。在深圳前海,根据调研情况,目前已有部分即将到期的长期租赁项目,由于产品运营等实际原因,提出了续租申请。考虑企业运营实际情况,若实际情况需要,应允许"首次租赁不足二十年"的长期租赁项目申请续租,累计期限不得超过长期租赁的最长期限20年。

4. 已出让土地短期利用续期

对已出让土地短期利用,一般不得续期,在短期利用到期后,须按照划拨决定书或出让土地使用权合同约定及建设用地开工竣工管理等相关规定进行开发建设。

(三)长期租赁到期转为出让

长期租赁使用期限最长可达20年,接近土地长期利用的范畴,对于一些公共服务、产业等类型的项目,实际存在长期租赁到期后仍继续使用的可能,形成实际上的"先租后让"模式。长期租赁到期转为出让与现行的"先租后让"相比,两者虽效果相同但仍略有差异,前者在20年使用到期之前并不一定明确继续使用的需求,即无确定的"后让"预期,因此开发建设等均要以20年为限作安排;而后者有着明确的长期利用预期,仅在租赁阶段结束时需接受产业考核,然后根据考核结果再决定是否转为出让。

对于长期租赁超过20年最高短期利用期限的需求,用地主体可以向政府部门申请将用地性质转为土地使用权出让,经批准同意后按相关规定办理用地手续,短期利用的期限与出让期限之和最长不超过同类用途土地出让最高期限。

在实践过程中,符合法定规划条件的长期租赁土地有两种类型:

(1) 长期租赁土地未按照当期法定规划条件进行供应和建设,使用20年到期后,经政府部门评估、认为确需继续保留使用的,经过规划调整,使项目用地符合法定规划条件后转为出让,因程序上涉及规划调整,会给规划管控带来较大压力,容易引发一定的寻租风险,从制度设计的角度考虑,应当避免出现此类情形。

(2) 长期租赁土地从供地阶段即按照当期法定规划条件进行供应,并按规划条件进行建设和运营,使用20年到期后经政府部门评估、认为确需继续保留使用的,可以按法定规划以协议方式办理出让手续,不涉及规划调整情形,实现"先租后让"模式,与国家政策一致。

二、收回

根据《民法典》《土地管理法》《土地管理法实施条例》等法律法规,对于划拨或出让的土地,收回的情形主要包括:①为实施城市规划进行旧城区改建以及其他公共利益需要;②出让土地使用期届满,未申请续期或申请续期未获批准;③因单位撤销、迁移等原因,停止使用原划拨国有土地;④公路、铁路、机场、矿场等经核准报废;⑤人民法院或土地主管部门依法作出的没收土地使用权的判决、裁定或决定生效;⑥土地使用权人灭失而无合法继受主体;⑦土地闲置满两年;⑧收回非法批准、使用的土地的;⑨法律、法规规定的其他情形。对于土地收回是否给予补偿,国家法律只规定了基于公共利益的应当给予适当补偿。对于用地主体主动退出的情形,国家层面尚未作出规定,地方政府进行了一些有益探索。就土地短期利用而言,本书主要研究提前收回、强制收回、用地主体主动退出以及强制退出短期利用的情形。

(一) 提前收回

《民法典》第三百五十八条规定,"建设用地使用权期限届满前,因公共利益需要提前收回该土地的,应当依据本法第二百四十三条的规定对该土地上的房屋以及其他不动产给予补偿,并退还相应的出让金"。

土地短期利用期间,政府可以依照法律规定或合同约定的程序提前收回土地。根据国家相关法律法规,提前收回土地需要符合以下情形:政府实施城市规划等需要的;抢险救灾需要的;国家利益、公共利益需要的;法律、法规规定的其他情形。以上情形均是非用地主体原因引起的提前收回,政府可以在短期利用合同中约定提前收回土地的条件、补偿方式、届满续期和地上建筑物、构筑物等附着物处理方式等内容。政府提前收回土地应当提前三个月通知用地主体。

提前收回租赁土地应当给予用地主体适当补偿。土地补偿按照已缴纳租金的剩余使用期限比例确定,不足一个月的按一个月计算;地上建筑物、构筑物补偿根据土地租赁合同约定的用地性质和剩余使用期限,经评估后确定。例如,在深圳市,补偿金额测算方式可以参照《深圳市房屋征收与补偿实施办法(试行)》第三十五条的规定,"征收未超过批准期限的临时建筑,只给予货币补偿。临时使用土地合同已有约定的,按约定处理。没有约定的,补偿金额根据临时使用土地合同或者临时建设工程规划许可文件规定的使用性质和剩余使用期限及土地使用人支出的土地开发成本、收益等实际情况,经评估后确定。"

租赁租金有一次性缴纳和按年度缴纳(仅在长期租赁中存在)两种方式:一次性缴纳租金的土地补偿按剩余使用期限的租金计算;按年度缴纳租金的土地补偿,按照预缴租金剩余使用期限(按月计算)占全年的比例确定,不足一个月的按一个月计算。因此,在提前收回短期利用土地时,补偿金额按照已缴纳租金的剩余使用期限比例确定。

(二)强制收回

《土地管理法》第七十九条规定"非法批准、使用的土地应当收回,有关当事人拒不归还的,以非法占用土地论处",第八十一条规定"依法收回国有土地使用权当事人拒不交出土地的,临时使用土地期满拒不归还的,或者不按照批准的用途使用国有土地的,由县级以上人民政府自然资源主管部门责令交还土地,处以罚款。"因此,强制收回土地的情形主要包括:非法批准、使用的土地,依法收回国有土地使用权当事人拒不交出土地的,临时使用土地期满拒不归还的,不按照批准的用途使用国有土地的。

对于土地短期利用而言,由于用地主体过错,违反土地短期利用合同约定及相关土地管理法律法规的,政府规划土地监察机构将按规定予以查处、强制收回土地。具体包括下列情形:用地主体违反土地租赁合同约定,要求限期改正且逾期不改正的;用地主体短期利用逾期未清场或拒不交回土地的;在短期利用过程中,造成严重环境污染,经环境保护部门认定的。强制收回时,短期利用期限未届满,剩余租金不予退回。地上建(构)筑物由规划土地监察机构依法拆除并清场,相关费用由用地主体承担。

(三)主动退出

对于出让土地,用地主体主动退出的情形在国家法律层面尚无相关规定,但是一些城市也进行了有益探索。例如,深圳在《深圳市工业及其他产业用地供应管理办法》中规定,建设用地使用权人或承租人因自身原因终止项目投资建设,可以提出终止履行土地供应合同并申请退还土地;在按土地供应合同约定达产之后,建设用地使用权人或承租人因自身原因无法运营,也可以申请解除土地供应合同。对于终止项目投资建设的,退还部分建设用地出让或者租赁价款(不计利息),收回建设用地,地上建(构)筑物的补偿方式在土地供应合同中予以明确:①超过土地供应合同约定的开工建设日期但未满1年向出让(租)人提出申请的,将已缴纳合同剩余年期的土地价款退还建设用地使用权人或承租人;②超过土地供应合同约定的开工建设日期1年但未满2年向出让(租)人提出申请的,按照规定征收土地闲置费后,将已缴纳合同剩余年期的土地价款或者租赁价款退还建设用地使用权人或承租人。但是,报经原批准土地供应方案的人民政府后未获批准的,建设用地使用权人或承租人应继续履行土地供应方案;拒不履行的,建设用地和地上建(构)筑物及其附属设施按照约定无偿收回;涉嫌闲置的,应当依法依规依约处置。对于达产后无法运营的,返还剩余年期土地出让价款;对地上建(构)筑物及其附属设施,由出让人按照建造成本折旧后对土地使用者进行补偿。

对于土地短期利用而言,用地主体在土地短期利用期限届满前主动退出短期利用的,应按合同约定完成清场工作,已缴纳地价不予退回,建(构)筑物应由用地主体自行拆除并恢复土地原状,拆除的地上建(构)筑物不予补偿;土地租赁期满后建(构)筑物经评估仍可以继续安全使用的,允许保留并无偿移交。退出土地租赁的,用地主体完成清场后应交回土地。通过明确主动退出短期利用的情形,对已缴纳地价不予退回、建(构)筑物不予补偿,促使用地主体严格评估短期利用风险,更加节约集约利用土地,降低短期利用的随意性。

(四)强制退出

强制退出主要针对的是已供应土地短期利用。由于土地使用权已经通过划拨或者出让等方式供应给使用权人,强制退出是指退出短期利用阶段,不涉及土地使用权收回。已供应土地使用权人违反划拨或出让土地短期利用协议约定,要求限期改正且逾期不改正的,管理部门应要求使用权人退出短期利用,恢复土地原状并按照出让土地使用权合同或土地划拨决定书要求进行建设。通过强制退出短期利用,严格控制已供应土地短期利用违约风险,降低对长期建设的影响。

第七节 土地短期利用的批后监管机制

批后监管是土地开发利用的重要一环,有效的监管举措有利于推动土地高效利用。土地短期利用批后监管与长期利用批后监管相比,主要目的存在一定的差异,土地短期利用缩短了用地周期、提高了用地频次,监管核心在于确保短期利用到期后能顺利收回,不影响后续使用;而土地长期利用用地周期较长,主要目的是防止土地闲置、尽快进行开发建设。本节论述了土地短期利用批后监管的内涵,并在传统用地监管方式的基础上,引入"信用管理＋履约担保＋数字化监管"的新型监管方式,形成奖优罚劣、针对性强的精细化监管激励机制。

一、批后监管内涵

土地短期利用批后监管与出让或划拨用地等长期利用批后监管,在监管客体、内容和手段等方面基本一致。但是,土地短期利用包括临时用地、短期租赁、长期租赁、已供应土地短期利用等多种类型,因此在一些具体方面,两者仍有一定区别,本书在论述批后监管的一般规定之后,再对土地短期利用批后监管进行特别说明。

(一)以土地供应文件履行为核心开展用地批后监管

《国土资源部关于加强建设用地动态监督管理的通知》(国土资发〔2008〕192号)对建设用地监管作了详细的规定,主要包括对建设用地的审批、供应、利用和补充耕地、违法用地查处(即"批、供、用、补、查")等有关情况的动态监管。本书的批后监管主要是建设用地利用监管,依照划拨决定书、土地出让合同等土地供应文件,政府部门对用地单位从批准供地起,至项目开工、竣工以及土地使用期限届满交回土地使用权过程,履行划拨决定书或土地出让合同等相关约定条件的监督管理。

从监管目的来看,批后监管主要是为了提高土地开发利用效能,节约集约利用土地,防止土地闲置。

从监管的客体来看,批后监管不仅涉及具有划拨性质的非经营性的建设用地,还涉及房地产、商业、工业等经营性的用地。

从监管内容来看,根据《国土资源部关于加强建设用地动态监督管理的通知》(国土资发〔2008〕192号)的规定,批后监管内容包括用地单位依照划拨决定书或土地出让合同确定的面积、用途、容积率、绿地率、建筑密度、投资强度等建设条件和标准使用土地,项目开、竣工时间以及土地开发利用与闲置等情况。

从监管手段来看,根据《自然资源部办公厅关于建立土地利用动态巡查制度加强建设用地供后开发利用全程监管的通知》(自然资办函〔2021〕1149号)的规定,监管手段主要包括信息公示、预警提醒、开竣工申报、现场核查、跟踪管理、竣工验收、闲置土地查处、建立诚信档案等手段。

(二)土地短期利用监管重在确保收回

在监管目的方面,土地短期利用同样是为了提高土地开发利用效能,在时间和空间两个尺度上,最大化实现土地利用价值。正是因为土地是"短期利用",批后监管一定要确保土地能到期收回。监管是为了促进土地短期利用规范运行、降低风险,更好实现加快战略地区土地预热等短期发展目标。

在监管客体方面,土地短期利用的批后监管重点是具有一定经营性的短期利用土地,针对此类用地,用地主体为追求利益最大化,可能想方设法阻碍政府收回土地;而基于公共利益进行短期利用的土地的收回,一般由政府或国企主导实施,难度相对较小。

在监管内容方面,对于不同类型的短期利用土地,监管的内容也有所不同。比如,短期租赁、临时用地、储备土地短期利用、已供应土地短期利用等类型的短期利用土地,由于使用年期相对较短,一般情况下不会涉及产业监管;而长期租赁由于使用年期较长且涉及用于商业服务业,在签订短期利用合同时,一般会附上产业监管协议并对转让、转租、分租作出详细规定。

在监管手段方面,负责批后监管的规划和自然资源等政府部门不仅要通过现场核查对土地短期利用过程中出现的问题采用行政执法、行政处罚等硬性手段,而且要通过履约保函、公共信用及数字化监管等软性手段约束用地主体的行为。

总之,土地短期利用批后监管的主要目的是要确保土地能够顺利收回,经营性的短期利用土地是监管的重点,土地短期利用方式不同则监管内容也有差异,更强调运用履约保函、公共信用等软性监管手段。

二、批后监管新方式

针对土地短期利用使用期限短、用地频次高、收回频率高等特点,监管核心在于确保短期利用到期后能顺利收回,不影响后续使用,因此需要"软硬兼施"的监管手段,在传统监管的基础上创新监管方式,加大监管力度,特别是要破解传统监管下土地收回难的问题,找准用地主体的痛点,提高监管的针对性。一方面要用好传统监管手段,如提高动态巡查频次、用地信息及时公开公示、完善开竣工申报和警示提醒制度、畅通社会公众举报渠道、提高卫片执法频率等,同时也需要加强政府部门协同联动,打通监管梗阻;另一方面也要不断创新监管手段,探索柔性监管新方式。为此,本书主要围绕信用和数字化技术等方面,提出信用管理、履约担保、数字化监管等软性监管方式,推动形成奖优罚劣、针对性强的精细化监管激励机制,防范土地短期利用过程中存在的违规违约、土地收回困难等风险。

(一)健全以信用为基础的新型监管机制

1. 信用监管概述

近年来,国家多次强调发挥信用监管的作用。2021年12月,国务院印发《"十四五"市场监管现代化规划》,提出要健全信息归集公示机制、信用约束激励、信用风险分类管理等信用监管长效机制。2022年3月,《中共中央 国务院关于加快建设全国统一大市场的意见》提出要"建立健全以信用为基础的新型监管机制,全面推广信用承诺制度"。

信用监管是指监管部门依靠信息技术手段收集、整理、分析市场主体信息进而判断市场主体的信用状况,并对市场主体信用状况进行分级、分类监管,以加强事中事后监管为主,是一种对监管理念、监管制度和监管方式进行调整的新型监管方式。信用监管主要通过记录市场主体的信用监管信息,采用信用信息公示、信用审查、信用评价、信用分级分类、信用奖惩等主要监管手段,建立以信用为主要参考或依据、贯穿市场主体事前事中事后的全周期监管机制。

需要特别说明的是信用监管不是"万金油",政府部门运用信用监管时,应特别注意运用法治思维和法治方式履行职责,建立明确的权力责任清单;监管部门需遵循"法无授权不可为、法定职责必须为"原则;市场主体通过负面清单明确"法无禁止即可为";以及规范监管部门的自由裁量权,推进监管的制度化、规范化、法治化。

2. 土地管理领域信用监管的举措

在土地管理领域,信用监管是基于用地主体的信用状况进行监管,本质是政府监管部门基于用地主体信用状况对其进行差异化监管的一种方式和手段,目的是扩大监管约束力和影响力,提高监管效能与治理水平。为发挥信用在土地监管领域作用,2021年修订后的《土地管理法实施条例》第五十条也对信用监管作出了规定:"县级以上人民政府自然资源主管部门应当会同有关部门建立信用监管、动态巡查等机制,加强对建设用地供应交易和供后开发利用的监管,对建设用地市场重大失信行为依法实施惩戒,并依法公开相关信息。"在地方实践上,《深圳市人民政府关于完善国有土地供应管理的若干意见》(深府规〔2018〕11号)规定:"建立土地供应与企业信用联动机制。增强企业依法依约用地意识,降低土地供应管理风险。将土地供应中的违法违约企业列入失信'黑名单',并及时报送市公共信用信息管理系统。失信主体不得参与我市城市更新、土地竞拍等土地供应活动。"具体而言,信用监管主要可以采取以下举措:

(1) 信用信息公示

在规划和自然资源领域,用地主体的信用信息主要包括基本信息、监督检查信息、违法违规信息等。其中,基本信息包括身份信息、行政许可、历史信用等信息;监督检查信息包括各成员部门按照职责分工,对行政相对人的日常监督检查、专项检查、跟踪检查等结论信息;违法违规信息包括违反自然资源和城乡规划领域法律、法规、规章、规范性文件被行政处罚、刑事处罚及其他违法违规信息。政府部门应建立公共信用信息共享机制,依据法律、法规和公共信用信息目录的有关规定,就参与共享的主体范围、信用信息类别、共享方式和形式制定操作规范,并依法依规通过地方信用信息公共服务平台向社会公布。政府部门形成的信用分类结果信息应当纳入公共信用信息目录,归于相关信用主体名下,供政府部门在行政管理过程中参考使用,一般情况下不得向社会公开。

对于土地短期利用的用地主体的批后监管,探索建立土地开发利用诚信档案,未按合同约定缴纳地价、不按批准的土地用途使用土地、未按合同约定的日期开竣工、未申请复核验收、造成闲置土地、非法转让或转租土地、不按合同约定开发土地、阻挠政府依法依规收回土地等违规违约行为,应记入诚信档案。诚信档案应及时纳入地方信用信息公共服务平台,并依法依规对社会公开。

(2) 信用承诺

管理部门在开展土地短期利用时,可以实行信用承诺制度。信用承诺是市场主体按照诚实信用原则作出的书面承诺。在土地短期利用交易过程中,相关政府部门可要求投标企业、代理机构、评审专家、受让主体、引进企业、交易双方等主体提交信用承诺书。信用承诺书应当载明违反承诺的不良后果,承诺履约情况。对违反承诺的信用主体,应根据书面承诺中的约定实施管理和惩戒措施。信用承诺履行情况纳入市场主体信用记录,并适时通过媒体和交易平台等渠道向社会公开。

(3) 联合奖惩

在对基于用地主体信用开展联合奖惩前,政府部门需要对各市场主体的信用进行有效评价和分级分类。政府部门可以委托行业协会商会、信用服务机构等第三方机构开展信用评价,并根据一定的评价标准,对市场主体信用评价结果进行分级分类[①],评价和分级分类结果经审核后,依法依规在政府内部和向社会公众公开。

在土地管理领域,用地主体申请各类财政资金、政策性贷款,参与评优评级以及其他公共资源分配活动时,其信用情况将与之挂钩,管理部门将据此给予相应的奖惩措施,以约束用地主体的行为,促使其管理好信用信息。

在土地短期利用交易过程中,管理部门可以结合市场主体的信用评价与分级分类信息,对参与土地短期利用交易的市场主体资格条件进行限定,并与后续的行政审批与服务事项相结合,促使其做好土地短期利用合同履约,鼓励市场主体提高自身信用等级。同时可以建立信用异常名录制度,凡在名录中的企业,在联合惩戒期限内,重点在政府采购、建设工程招投标、政府资金扶持、城市更新和土地竞拍等方面对其予以限制。同时,将名录抄送银行、银监、证监等相关部门,与银行等金融、证券监管机构联手建立土地金融信息共享机制,对进入名录的企业审慎贷款和核准融资,对违法用地项目及企业不批准贷款和上市融资。当然,在失信信息披露期限内,市场主体自觉接受自然资源和规划等主管部门监督检查及诚信约谈,并在规定期限内纠正失信行为、消

---

① 一般而言,市场主体信用可以划分为诚信守法、轻微失信、一般失信、严重失信四类。

除不良影响的,可按程序开展信用修复。

失信惩戒是信用监管的主要应用手段,但并不是根本目的,引导市场主体守信践诺、提升信用水平才是信用监管发展的主要方向。因此,在做好失信惩戒的同时,一定要配套相关守信激励举措。信用主体信用状况良好,承诺符合相关条件的,可以予以便利性服务措施。

总而言之,通过公共信用管理的方式,建立土地短期利用批后监管与企业信用的联动机制。以土地短期利用合同内容为监管核心确定用地违规、违约行为,相关信息将纳入公共信用信息管理平台,并以平台公示和联合惩戒的方式惩处用地主体违规、违约行为。同时,按照信用全过程管理的要求,应允许符合条件的用地主体进行信用修复,保障市场良好运行。

(二)通过履约保函等方式建立土地开发利用履约担保制度

1. 履约保函概述

保函是指第三方(如银行)应当事人一方的要求,以其自身信用来担保交易上的某种责任或义务的有效履行而作出的一种具有一定金额、一定期限、承担其中经济责任或经济赔偿责任的书面付款保证承诺。银行保函是指银行应客户的申请而开立的有担保性质的书面承诺文件,一旦申请人未按其与受益人签订的合同的约定偿还债务或履行约定义务时,由银行履行担保责任。履约保函是银行应申请人的请求,向受益人开立的保证申请人履行某项合同项下义务的书面担保。目前,国际担保业务中的保函大多是无条件的、银行承担第一性付款责任的独立保函,即见索即付保函。

在国家层面,履约保函在建设工程领域运用比较多,国家出台了不少规定。《国务院办公厅关于清理规范工程建设领域保证金的通知》(国办发〔2016〕49号)中规定:"对保留的投标保证金、履约保证金、工程质量保证金、农民工工资保证金,推行银行保函制度,建筑业企业可以银行保函方式缴纳。"《住房和城乡建设部等部门关于加快推进房屋建筑和市政基础设施工程实行工程担保制度的指导意见》(建市〔2019〕68号)规定:"严格落实国务院清理规范工程建设领域保证金的工作要求,对于投标保证金、履约保证金、工程质量保证金、农民工工资保证金,建筑业企业可以保函的方式缴纳。"

在土地管理领域,《自然资源部办公厅关于建立土地利用动态巡查制度加强建设用地供后开发利用全程监管的通知》(自然资办函〔2021〕1149号)规定:"地方各级自然资源主管部门还可结合实际,借鉴部试点单位的做法,在遵循《民法典》等相关法律规定框架下探索建立土地开发利用履约保证金等相关制度。"具体而言,土地出让履约保证金制度运用较为普遍,主要是为了保证土地受让人按照国有建设用地使用权出让合同约定的开、竣工时间及规划条件等完成建设所提供的一种资金保证。履约保函是履约保证金的一种重要形式，不必占用市场主体的现金流，有助于用地单位减轻负担。

2. 履约保函在土地短期利用批后监管中的运用

（1）可行性

土地短期利用批后监管的关键在于能确保用地主体按批准用途使用、到期按时交回土地；同时，对于按年缴纳长期租赁租金的用地主体，应确保用地主体能及时缴费。土地短期利用批后监管采用银行履约保函的方式，对政府和用地主体而言均是可行的，能实现双方的共赢。

对管理部门而言，一是由银行背书，可以提前筛查出信用优质的市场主体；二是依据合同中对违约情形的规定，政府监管部门可以合理制约用地主体严格履行合同；三是与履约保证金相比，银行履约保函有助于政府监管部门减少收还保证金的程序成本。

对用地主体而言，一是开具履约保函的费用较低，在占用相应的信用额度的情况下，减少现金长期占用有助于保障用地主体的现金流；二是由银行提供保证，一定程度上提高了用地主体的资信水平。

（2）适用范围

土地短期利用的监管实行履约担保制度，可以采取银行履约保函等形式进行保证。履约担保方式，以经济手段保障短期利用合同约定的各项条款履行，能够有效加强土地批后监管。履约担保文件应纳入土地短期利用合同，未按照约定进行履约担保的，不得签订土地短期利用合同。履约担保事项包括但不限于开工竣工期限、地价缴纳、权利限制、土地收回等土地合同约定条件。履约担保期限与土地短期利用合同期限一致。

（3）履约保函金额

关于确定履约保函金额，可以参考《中华人民共和国招标投标法实施条例》第五十八条规定："招标文件要求中标人提交履约保证金的，中标人应当按照招标文件的要求提交。履约保证金不得超过中标合同金额的10％。"因此，土地短期利用履约保函金额按地价一定比例计算，建议金额最高不超过地价总额的10％；履约保函的有效期通常定到合同执行完毕为止；在合同执行过程中，保函金额可以根据用地主体的实际履约情况及时进行合理调整。对于政府认定信用评价较好的企业，可以降低担保金额或免除履约担保。例如，《中国（广东）自由贸易试验区深圳前海蛇口片区社会信用管理服务办法》（深自贸规〔2020〕1号）第十九条规定："管委会……按季度对在前海蛇口自贸片区登记注册、生产经营企业的信用数据进行清洗比对和等级评定。企业信用分类等级由高到低分为A、B、C、D四级。"第二十条规定："对连续四个季度及以上在信用分类定级评定中被评为 A 级的企业……在招标、拍卖、挂牌公开出让土地时,给予必要便利,在法律和政策允许的范围内适当降低竞买保证金比例。"

以具体用地项目为例,测算办理银行履约保函成本。某长期租赁用地租赁期限 15 年,地价总额 2.6 亿元,担保金额不超过 0.26 亿元。如果采用履约保证金的方式,必然会占用承租人大量的流动资金,资金回收周期较长将会大大影响用地主体整体资金的运作。若办理中国工商银行保函,按照中国工商银行关于开具非融资类人民币保函的规定,根据保函风险度按季收取保函金额 0.5‰～3.0‰ 的手续费、最低手续费 300 元,对优质客户还可以减收手续费。按最高 3.0‰ 的手续费计,15 年期办理履约保函年费用不超过 31 万元、总费用不超过 470 万元;以不超过地价 1.8% 的手续费进行履约保证,考虑手续费用按季度支付、信用优良者还可以减收费用,用地主体的资金成本会更低。因此,在土地短期利用中办理履约保函不会对用地主体造成明显的资金负担。

(三) 利用新一代信息技术实施数字化智慧监管

1. 数字化监管概述

随着互联网、大数据、云计算、人工智能等新一代信息技术应用日臻成熟,政府信息化与社会信息化水平不断提高,数字化监管逐渐被提上日程。近年来,国家和地方越来越重视数字化监管,《2021 年国务院政府工作报告》提出"健全跨部门综合监管制度,大力推行'互联网＋监管',提升监管能力"。同年 12 月,《"十四五"市场监管现代化规划》印发,提出"加快推进智慧监管。充分运用互联网、云计算、大数据、人工智能等现代技术手段,加快提升市场监管效能"。2022 年,《国务院关于加强数字政府建设的指导意见》(国发〔2022〕14 号)提出要"大力推行智慧监管,提升市场监管能力。充分运用数字技术支撑构建新型监管机制,加快建立全方位、多层次、立体化监管体系,实现事前事中事后全链条全领域监管。"同时,智慧监管也离不开线下实体监管执法应用,只有将线上智慧监管的数据切实运用到线下的实体监管执行层面,数字化监管才能更好地发挥效用。可见,数字化监管是线上智慧监管与线下实体监管高度融合一体化发展的监管现代化模式。在自然资源领域,2019 年 11 月,《自然资源部信息化建设总体方案》提出要构建自然资源监管决策应用体系。2022 年 6 月,《国务院关于加强数字政府建设的指导意见》(国发〔2022〕14 号)提出要"构建精准感知、智慧管控的协同治理体系,完善自然资源三维立体'一张图'和国土空间基础信息平台"。

2. 数字化批后监管举措

数字化批后监管主要解决的问题有用地主体相关信息获取速度慢、共享程度低等。目前全国已经建立了土地市场动态监测与监管系统,系统能够实现动态掌握土地储备、供应、交易和开发利用情况以及房地产企业拿地、开发、融资动态，同时建立了土地市场诚信体系，分析市场运转形势，及时发现预警市场问题，运用系统落实土地调控措施和供应政策，引导市场按调控要求运行。地方也进行了有益探索，如广东省建立了土地管理与决策支持系统，深圳市建立了临时用地审批监管系统。一般而言，对于数字化批后监管，需要以规范履行用地合同为重点，打通各部门的数据壁垒，汇集多元数据，以国土空间规划"一张图"基础平台为支撑，建设动态巡查等多种功能的应用模块，形成全覆盖、全过程的综合数字化监管体系。土地短期利用的数字化批后监管，可以从以下几个方面进行探索：

（1）搭建跨部门的土地短期利用数据库

以国家自然资源"一张图"大数据体系和国土空间基础信息平台为依托，根据《国土空间规划"一张图"实施监督信息系统技术规范》(GB/T 39972—2021)，通过政府内部用地主体提供、第三方平台公开信息等渠道归集整合短期利用土地的用地主体、地块空间坐标、占地及建筑面积、产业监管等数据，建立全面、精准、动态更新的土地短期利用批后监管"一张图"数据库。特别是要将土地短期利用违法线索、卫片执法、违法行为处理、执法机构队伍人员管理、用地主体信息综合统计等工作关联印证，实现执法部门内部各项业务信息的互通，各层级执法部门执法业务的信息互通以及与自然资源管理相关业务的信息互通。

建立土地短期利用数据审核机制，实现数据自动审核，强化统计数据动态分析和可视化功能，自动生成统计报告，实现统计工作网上智能化运行，为政府部门准确研判、科学决策和土地短期利用管理形势分析提供统计数据支持。

（2）建设全生命周期管理数字化应用平台

主动对接自然资源部自然资源执法综合监管平台和土地市场动态监测与监管系统，在建设好批后监管"一张图"数据库的基础上，加快建设土地短期利用全生命周期管理数字化应用平台。利用平台的用地信息公示、用地项目跟踪卡、开竣工预警提醒、开竣工申报、现场核查、竣工验收等相关内容，对土地短期利用项目的开发利用情况实施全程监管，确保及时准确掌握土地使用信息，实现对企业开竣工情况、履约情况等信息集成和预警，提醒相关职能部门及时开展监督和管理。

基于应用平台，建立卫片执法与动态巡查工作机制。主动接收卫片执法图斑，开展无人机不定时巡查、人工定时定点巡查，做到巡查无盲区、无死角，提高日常巡查效率，实现"天上看"与"地上巡"有机融合。同时，加强自然资源部门与其他政府部门业务系统信息共享，推动执法重心下移、关口前移，建立快捷有效的违法行为核查调度和快速反应机制，可采取网格化手段，与基层网格对接，建立日常巡查信息互联、互通、互用机制，实现力量布局多元、日常巡查多路，及时将巡查违法信息通过数字化平台向基层执法部门推送,实现对土地短期利用违法信息的整体监管,有效提升自然资源执法的反应和处置能力,构建"早发现、早制止、严查处"的工作机制,提升执法监管的科学性和时效性。

构建实时监测、精准督察新模式。对土地短期利用重点监管区域开展变化自动比对分析、自查回传、成果核查等智能化全天候督察。加强推动土地短期利用监管相关业务数据和社会经济数据的共享,完善自然资源管理部门与工信、发改、市场监管等部门的数据共享机制,及时获取土地短期利用区域内的相关业务数据,形成网上督察新机制。

探索土地短期利用辅助决策分析。依托自然资源"一张图"大数据体系和国土空间基础信息平台,根据地方实际需要,批量、智能化、网络化地完成土地短期利用相关信息汇聚、数学运算、态势分析、趋势预测,实现土地短期利用、宏观经济、互联网舆情等数据快速获取,开展历史关系分析、现状评估和规律探寻,建立专业模型和相关知识条目,自动生成各年度、各季度的形势分析报告,辅助开展土地短期利用管理政策执行情况的评估、调整和优化。

第八节　土地短期利用制度体系构建

面对区域发展的复杂性和土地利用的不确定性,通过采取弹性应对策略,实施更加灵活动态的土地短期利用制度,是探索深化土地管理制度改革的重要方向。结合前述章节的分析研究,本节意在构建体系衔接、统筹协调的土地短期利用制度,主要内容包括适用用途与规划管控、使用期限与建设管理、产权管理、地价计收、到期处置与收回、批后监管等土地短期利用全生命周期管理过程。

一、清晰界定土地短期利用概念内涵,厘清相关政策内涵交叉的问题

构建土地短期利用制度应当首先明晰基本的概念及内涵。区别以往土地划拨、出让等长期用地方式,临时用地等短期用地方式一直处于各自为政、缺乏统筹设计的分散管理状态,难以适应快速发展的城市弹性建设需求。因此,本书首先正式提出土地短期利用理念,并尝试界定土地短期利用概念,提出土地短期利用是指不影响规划实施、通过灵活供应方式对未建设空地进行最长不超过二十年的土地利用。

其次,以使用期限为准绳,全面梳理现有各类短期用地政策工具,综合考虑用地方

式特点,筛选剔除储备土地短期利用、弹性出让、先租后让等方式,系统构建涵盖临时用地、短期租赁、长期租赁和已供应土地短期利用四种方式的土地短期利用制度体系,形成适应城市快速发展的弹性用地政策。

土地短期利用具有以下特征:一是与长期利用方式相比,使用年期明显缩短;二是以临时性设施用途为主,不受远期规划用途限制但也不能影响远期规划实施;三是灵活采用非永久性建筑形式建设,方便低成本快速安装及拆卸;四是土地收回频率高,须通过一定措施保障用地便捷收回,且容易恢复到原利用状态。

二、明确不同土地短期利用方式的适用用途及期限要求,厘清不同用地需求场景的政策渠道

土地短期利用由于期限短、方式灵活、非永久性建设等特点,一方面需要有序分类划分适用用途,确保短期用途功能符合发展需求并与周边用地兼容,同时不会对后续开发产生消极影响;另一方面短期利用用途要匹配相应使用期限,既要保障在一定时间内使用者的使用权,还要确保用地的临时性,防止"短期变永久"风险。从不同方式来看,土地短期利用的适用用途及使用期限见表5-12。

(1) 临时用地以建设项目施工、地质勘查和考古供地临时建设等用途为主,适用范围受到法律法规等各级制度的严格限制,使用期限一般不超过两年,是土地短期利用中管理最为成熟和严格的一种用地方式。

(2) 短期租赁使用期限不超过五年,适用用途以急迫性、公共性、过渡性为导向,基本以急需的教育、环卫、文化、体育、市政、社会福利等短期过渡性公共服务设施为主,可以视为临时用地的"补充",弥补因临时用地用途受限导致的临时性用地需求政策缺口。

(3) 长期租赁使用期限介于五年到二十年之间,适用用途较宽泛,可以视为土地出让或划拨方式的"补充",除不得用于经营性房地产开发外,其他用途均可以适用,如商业服务业、公共管理与服务设施、工业与新型产业、物流仓储、交通设施、公用设施等项目用地,特别是近年来各地兴起的产业用地长期租赁,体现了用地周期与企业生命周期精准匹配、提高用地绩效的改革导向。

(4) 已供应土地短期利用与土地"空窗期"相关,是在土地长期利用制度上附加的一种过渡性利用行为,适用用途应突出公益性,兼顾近期急需和片区特色等需求,例如急需的公共管理与服务设施、商业设施等项目,并且要与长期用途相协调,使用期限一般不超过十年,该方式目前还缺乏相应的政策规定,可能引发变相拖延开发、短期建筑长期化等风险。

表 5-12　土地短期利用的适用用途及使用期限

类型	适用用途	使用期限
临时用地	1. 建设项目施工过程中建设的直接服务于施工人员的临时办公和生活用房； 2. 矿产资源勘查、工程地质勘查、水文地质勘查等临时使用的土地； 3. 考古和文物保护工地建设的临时性设施； 4. 符合法律、法规规定的其他需要临时使用的土地	一般不超过两年，从批准之日起算；建设周期较长的能源、交通、水利等基础设施建设项目施工使用需求，期限不超过四年
短期租赁	以急需的公共服务设施为主，包括短期过渡性质的教育、环卫、文化、体育、市政、社会福利等临时性设施，特点是近期需求迫切、设施具有临时性、用地期限短、用完即可拆除，基本为过渡性用途	不超过五年，续期不超过三年
长期租赁	除经营性房地产开发用途外，商业服务业、公共管理与服务设施、工业与新型产业、物流仓储、交通设施、公用设施等用途均可以采用长期租赁	最短不少于五年，最长不超过二十年
已供应土地短期利用	应突出公益性，兼顾近期急需和片区特色等需求，如急需的临时性公共服务设施，以及因地制宜的临时性商业设施等片区特色用途	使用期限与"空窗期"相关，不宜超过十年；已出让土地剩余使用期限不足十年的，短期利用期限最长不超过剩余使用期限

三、细化土地短期利用规划建设管控要求及权能匹配，改进"一刀切"式的简单管理模式

　　城镇建设用地供应应当符合国土空间规划，土地短期利用需要在"详细规划＋规划许可"的规划管控制度框架下，针对不同利用方式分类设置相应规划建设管理要求，明确使用者对土地的用益、流转、管理等权益，建立短期用途设施建设与规划管控、产权权能匹配的协调机制，引导短期发展目标转化为规范有序的具体行动，防止利用失序。因此，在土地短期利用原有分散管理的制度基础上，进一步细化完善不同利用方式，规划建设管控要求及权能，适当放宽长期租赁等建设要求及产权管理限制，改进"一刀切"式的简单管理模式。从不同方式来看，土地短期利用的规划建设管理及产权管理见表 5-13。

　　（1）临时用地和短期租赁均属于期限较短的临时性用地方式，仅能建设临时建筑，但也会影响城市近期建设、规划实施或者市政、交通等现状设施运行，因此要设立规划许可制度进行审查，不涉及控制性详细规划的编制或调整。基于仅限自用的原则导向，临时用地和短期租赁用地只拥有占有、使用的不完整权利，土地及地上建（构）筑物均不能转让、转租或者抵押。

　　（2）长期租赁使用期限为 5～20 年，适宜采用模块化装配、易于拆卸、品质优良、能够较长时间使用的短期利用建筑。相应地，需要对控制性详细规划进行调整，通过编制专门的短期利用规划或者短期调整用地详规，将过渡性开发规划设计条件纳入国

土空间规划体系进行规范管理,实现土地短期利用有效管控。同时,长期租赁用地及地上建筑物形成的不动产权益较大,使用者有类似出让土地的处置及盘活资金需求,因此可以适当放宽长期租赁用地处分权利限制,允许其进行转让、出租和抵押并明确相应条件和具体规则,从"一刀切禁止"转变到"精细化风险管控"。长期租赁土地放宽处分权利限制后,需要采取有效措施保障使用者权益并规范市场管理,将长期租赁土地纳入不动产登记的规范体系中,逐步引导长期租赁市场规范化和制度化。

（3）已供应土地在开展短期利用前已明确了宗地规划设计条件,因短期改变用途及建设内容需要进行规划调整的,可以临时调整短期利用期间用地规划条件并明确规划调整的有效期,有效期届满自动按原规划设计条件实施。同时,已供应土地短期利用可以灵活利用临时建筑或短期利用建筑等形式进行建设。短期利用期间,已供应土地涉及转让、出租或抵押等资产处分的,按照原土地供应合同或划拨决定书等约定执行,土地及依法建设的短期利用建筑可以按规定办理不动产登记,但地上临时建(构)筑物不能办理登记。

表 5-13 土地短期利用的规划建设管理及产权管理

类型	规划建设管理	产权管理
临时用地	具体地块的临时性利用条件根据申请项目用途确定,需在用地阶段办理临时建设用地规划许可或短期租赁用地规划许可,不涉及控制性详细规划的编制或调整	不得转让、转租或抵押,不得办理产权登记
短期租赁		
长期租赁	创设"短期利用规划",作为城市规划的短期阶段性安排,对近期不开发用地收集长期租赁项目需求,经过论证确定需要供地的,根据地块条件、项目需求并结合上位规划、远期规划等,明确用地范围、短期用途、使用期限、容积率、覆盖率等规划设计条件,并按程序进行公示;在现行规划管理体系内,通过规划调整程序临时调整短期利用期间用地的规划条件,明确规划调整的有效期,有效期届满自动按原控制性详细规划实施,最大限度减少因短期利用对规划管理的改动	土地及依法建设的短期利用建筑可以按规定办理不动产登记,允许转让、转租或抵押;抵押金额不能超过土地承租权益金额和建筑物及附着物余值之和
已供应土地短期利用	可以临时调整短期利用期间用地的规划条件,明确规划调整有效期,有效期届满自动按原用地文件约定的规划设计条件实施	已供应土地及依法建设的短期利用建筑可以按规定办理不动产登记

四、优化土地短期利用地价计收规则,增强地价对配置资源要素的精细化调节作用

土地短期利用地价是土地所有权在短期内经济上的实现形式。由于不同利用方式市场条件、权利状态等因素不同,地价内涵和计费方式存在一定差异。为充分发挥地价对配置资源要素的精细化调节作用,在统一的基础地价规则上,可以针对片区特色、调控需求进一步优化地价计收规则,按照短期利用地租与地价合理平衡、地价政策普适性与差异化平衡、计收方式稳定性与多样化平衡的"三平衡"原则确定地价计收思

路。从不同方式来看，土地短期利用的地价计收思路见表 5-14。

（1）临时用地不改变原地类用途和功能，用途范围特定、市场化程度较低，使用费应与基准地价衔接，并区分用地类型、使用主体、占地规模等差异化计收地价，通过经济成本调节的方式促进节约集约用地。同时，可以探索设置集中临时建设区等专项地价优惠系数，支持集中选址布局临时用地的节地新模式，鼓励有临时生活、办公用房需求的企业入驻集中临时建设区，通过统一建设节约建设运营成本、提升用地效率。

（2）短期租赁以急需的公共服务设施用地为主，项目具有一定公益性且用地权利受到严格限制，因此短期租赁年租金标准可直接根据周边基准地价或修正后的市场地价确定，采用一次性计收地价方式。

（3）长期租赁适用范围广、市场化程度高，年租金标准应与市场地价衔接，其中市场地价可按照标定地价修正、剩余法评估等多种方法综合确定。租金调整可结合基准地价更新周期、国家宏观调控政策周期等，采用 3~5 年调租期，具体调整方式为固定增长率或固定增长额，其中设置固定增长率的可结合城市地价指数、物价指数及基准地价增长率等因素综合确定。同时，为降低企业用地资金门槛，吸引发展前景好、资金实力暂时不足的初创型企业入驻，长期租赁可按年度、分期或一次性计收地价。

（4）已供应土地短期利用地价计收关键在于短期利用期间土地价值是否变化。涉及土地用途和容积率调整的，可以参照土地利用条件变更情形按照"多不退、少要补"的原则计收地价，即按短期利用期间土地利用条件变更后与变更前的差额一次性补缴地价；如差额为负，则不再计收地价。

表 5-14　土地短期利用的地价计收思路

类型	地价计收
临时用地	应与基准地价衔接，同时考虑损失补偿，可以根据区域、面积阶梯等实行精细化调整
短期租赁	短期租赁租金可直接根据周边基准地价或修正后市场地价确定，即：短期租赁地价为所在区域基准地价与年期修正系数之积，或者短期租赁地价为所在宗地市场地价、短期租赁项目修正系数与年期修正系数之积。一般地，短期租赁项目修正系数可以参考短期租赁土地纯收益与长期出让土地纯收益之比、短期租赁权利限制对地价负向冲击程度等指标综合确定
长期租赁	长期租赁租金标准应与市场地价衔接，设置租金调整机制，可以考虑从项目类型、产业导向类型等方面设置专项修正系数定向降低扶持项目用地成本；为降低企业用地资金门槛，允许租金按年度或分期缴纳
已供应土地短期利用	参照土地利用条件变更情形地价计收规则，按短期利用期间土地利用条件变更后与变更前的差额一次性补缴地价；如差额为负，则不再计收地价

五、创新信用管理、履约担保、数字化监管等监管方式，破解土地批后监管低效和用地收回难题

土地短期利用缩短了用地周期、提高了用地频次，同时也加大了监管风险和压力。

为破解传统监管效率低下、用地收回困难的问题,通过借鉴其他行业治理经验,创新引入信用管理、履约担保、数字化监管等新型监管方式,在不增加使用者实体负担的前提下,将土地短期利用履约行为分别与社会公共信用、银行金融信用、数字政务网络等社会化网络进行链接,扩大履约行为的影响范围和关联度,增强约束激励效应,形成奖优罚劣、针对性强的精细化监管激励机制。

土地短期利用监管以规范履行合同约定为核心,打通各部门数据壁垒,以国土空间规划"一张图"基础平台为支撑,建设全覆盖、全周期的数字化监管平台,将线下巡查与线上监察密切结合;将用地违规违约行为相关信息纳入公共信用信息管理平台,通过平台公示和联合惩戒等方式进行约束,此外还可以视违约程度触发履约担保赔偿条款,以经济手段制约短期利用违规违约行为,在实施层面有效加强土地批后监管。

本章小结

本章主要探讨了土地短期利用制度体系的构建。面对区域发展的复杂性和土地利用的不确定性,采取时间维度的弹性应对策略,实施更加灵活动态的土地短期供给制度,是探索深化土地管理制度改革的重要方向。基于现有土地短期利用管理存在的问题及发展需求,在构建土地短期利用制度体系时,以促进市场在资源配置中发挥决定性作用为基本导向,同时突出公共服务的社会效益导向,研究提出包含临时用地、短期租赁、长期租赁和已供应土地短期利用四种用地方式的土地短期利用制度体系。在此基础上,通过保留沿用、细化明确、修改完善及创新补白等方式,围绕用途范围、使用期限、地价计收、产权管理、批后监管等重点环节进行制度研究创新,从系统性、规范性、可操作性的角度出发,坚持全生命周期理念,探索构建了统筹协调、衔接有序的土地短期利用制度体系。

值得说明的是,土地短期利用制度作为弹性用地的"政策工具箱",仅是土地长期利用制度的有益"补充",理论研究和制度建设均尚不成熟,本章提出的政策建议和构想也仅是有限的、建设性的探讨,还需要结合土地管理制度改革、理论发展和实践探索持续改进,在实践中深化认识、在认识中深化实践,不断丰富完善土地供给制度、放活土地要素,实现土地资源的最优配置,服务经济社会发展。

第六章 土地短期利用的意义与展望

土地是经济与社会活动的基础,土地利用效率的高低直接关系国家、土地使用者以及社会公众的利益,是影响土地价值发挥以及经济社会发展的重要因素。土地短期利用的核心就是为了解决土地在时间上的"浪费"问题,从时间角度推动实现土地的节约集约利用。土地短期利用能在短时间内迅速提升土地要素保障能力,是完善土地要素保障的有效途径。短期来看,土地短期利用能快速激活"沉睡"的土地资源,一定程度上缓解建设用地指标紧缺的问题,提高区域要素保障能力,助力经济社会高质量发展。长期来看,土地短期利用能通过鼓励市场盘活资源,进一步促进产业转型升级,优化城市发展规划,实现土地节约集约利用和经济社会可持续的发展目标。

相较于传统土地利用研究,本书结合我国城市化发展进程,以及城市土地利用效率提升的紧迫性和重要性这一现实问题,选取城市土地短期利用作为研究对象,从"时间秩序"的角度出发,探讨土地利用在"时间"维度上的集约和高效,并通过分析土地短期利用理论与实践,尝试从时间维度系统构建土地短期利用体系,提出具体政策思路,创新和丰富土地弹性供应的策略"工具箱",以期为城市土地的灵活利用提供思路和参考。

一、土地短期利用的实践意义

近年来,由于国际国内形势变化等原因,经济下行压力进一步加大,国家高度重视新形势下的经济复苏与增长,不断出台盘活存量资产、刺激经济等一系列政策措施,其中土地作为一项重要的存量资产和经济产业发展的保障要素,多次、反复被提及。土地是经济产业发展的重要载体,新形势下如何盘活存量土地资源、保障土地要素供应显得至关重要。对此,土地短期利用正是解决土地低效利用、重点产业项目用地需求难保障等问题的破题之举,土地短期利用旨在解决因土地利用不确定、开发建设时序较长、资产闲置等主客观原因导致的土地在时间维度上闲置浪费等问题,并通过"时间秩序"这一主线,总结归纳出包含临时用地、短期租赁、长期租赁和已供应土地短期利用等类型的土地短期利用制度体系,从全流程、全周期的角度明晰土地短期利用的重点和关键问题,是一种全新的土地利用模式的探索,对改革和完善土地供应制度,释放土地资源要素活力,促进经济社会高质量发展有重要意义。

（一）创新构建土地短期利用体系,探索土地利用新模式

从概念提出和内涵界定来看,土地短期利用在分析整合现有政策体系和实践做法的基础上,通过系统性归纳、总结,创新提出土地短期利用理念,并清晰定义出短期利用概念内涵,尝试解决目前短期利用相关理念及政策体系较为分散,系统性、完整性不足的问题。此外,还考虑到不同使用场景,以满足多元化用地需求。针对用地主体、需求场景不断变化等情况,在加强土地用途管制的前提下,针对不同短期利用方式分别研究明确不同类型对应土地用途,涵盖商业服务业、公共管理与服务设施、工业与新型产业、物流仓储、交通设施、公用设施建设项目以及地质勘察、急需公共服务设施、搬迁腾挪安置等短暂过渡性用地需求,兼顾不同主体和场景用地需求,为应对未来土地利用不确定性预留弹性空间。同时,创新提出已供应未建土地开展短期利用的路径,提出已划拨土地短期利用应符合划拨用途范围规定,突出公益性,兼顾近期急需和片区特色等需求,在规定范围内进行短期利用的用途调整。

从实践操作来看,以时间维度的弹性应对策略为导向,创新拓展土地供应新路径,系统构建了土地短期利用制度体系,整合创新了临时用地、短期租赁、长期租赁和已供应土地短期利用四种用地方式。同时,遵循系统规范、全生命周期管理的理念,在充分考虑实际可操作性的前提下,对土地短期利用的用途范围、使用期限、地价计收、产权管理、批后监管等重点环节和问题开展创新研究,为城市土地弹性供应提供了新的思路和具体操作指引。

（二）创新差异化年期管理,明确土地利用精细化管控要求

通过细化土地短期利用具体要求,改进传统"一刀切"式的简单管理模式,创新设置差别化、适应经济社会发展的土地分级使用期限体系,更好匹配相应用途和利用目标,将短期利用相关模式的一般使用期限、最长使用期限、续期期限及要求予以细化明确,解决实践中短期利用出让年期难以确定的问题。同时,创新明确不同利用形式的规划建设管控要求,提出临时用地、短期租赁以临时性的规划建设为主,通过行政许可的方式加以规制;长期租赁、已供应土地短期利用可以通过规范程序实施专门的、具有短期利用性质的规划。除此之外,还针对不同用地形式的产权管理及登记、地价计收、批后监管、到期处置等问题提出分类应对策略和构想,提出全生命周期分类施策思路,

进一步推动实现土地供应精细化管理。

二、土地短期利用的工作展望

本书从"时间秩序"视角来探讨土地资源的高效利用,并从实践出发提出相应的操作思路,初衷在于以"时间"为主线探索构建土地供应制度,然而由于经济社会发展、制度变迁等复杂性、不确定性,土地短期利用在实践中可能会面临一定的困难或挑战,如部分做法缺乏上位政策依据、用地退出与收回机制还不够有力、政府审批监管压力加大、政府和市场参与积极性不足等,应加以重视并努力克服。

此外,对政府而言,土地出让年期缩短之后,政府短期内土地出让收入降低,造成地方财政收入减少,特别是对于土地财政依赖度较高的地区来说,势必会对政府基于土地收益而制定的一系列政策方针产生影响,现有经济发展模式和新的土地出让模式之间将面临适配性方面的问题。虽然从长远来看,短期利用制度的实施只是将原本长期的、一次性的收益分成了数个短期收益,土地收益的总额并没有改变,但在部分地区随着土地附加值的提升,土地价值会变得更加显化,土地出让总收益可能还有大幅度的提高。对市场而言,短期利用制度的施行,会对企业发展战略、布局、生产和经营方式产生一系列影响。一方面,土地利用年期缩短之后,土地使用权用于抵押融资的价值会大幅降低,势必会迫使企业转变融资理念和方式,向技术融资和科技融资转型;另一方面,由于土地使用期限较短,企业短期内土地利用成本会变高,短期利用的经济效益难以保证,企业在年期即将届满时,由于无法确保一定能够获准延期,在投入资金进行技术改进、环境优化等方面的积极性可能会受到一定影响。

因此,未来短期利用仍需要进一步统筹和完善相关制度,不断创新管理政策和机制,提升基层管理水平,强化全周期监督管理,不断培育和厚植土地短期利用的生长土壤,进一步推动短期利用制度生根发芽。

(一)进一步完善规划和土地制度,筑牢短期利用上位根基

一方面,短期利用土地年限与现行土地利用总体规划及城市规划的期限不一致,一定程度上制约了规划对经济社会发展的调控与导向作用。在短期利用的时间内,土地利用状况将很难根据规划要求及时作出调整,使得短期利用可能会不符合长期经济社会发展的需要。因此,有必要在坚持规划先行的前提下,落实和优化上位层次规划,强化土地短期利用与城市规划的互动,着力提高规划编制的尺度和深度,从"时间秩序"的角度,以高水平规划引领土地短期利用实践开展,提升土地短期利用合理性及必要性,推动片区建设高质量发展。

另一方面,国家层面土地短期利用相关制度仍存在空白或规则不明晰之处,相关

制度仍处于不成熟、不完善的探索实践阶段,可以探索通过制定土地短期利用政策进一步深化土地供应相关制度。具体而言,需要根据近年来土地租赁等短期利用市场情况,将长期租赁期限上限予以明确,并根据规划建设时序、产业特点等情况弹性确定租赁地块、已供应土地短期利用地块的弹性使用期限,探索符合法定条件的情况下,可以申请转为出让,同时为到期后确有需要继续使用的,提供依法依规的处置路径。此外,对土地短期利用的权利限制仍有待进一步探讨,在实践中用地主体对盘活土地资产具有较大需求,可以探索允许部分短期利用土地进行转让、出租和抵押,并明确相应条件和具体规则,并采取有效措施保障各方权益,进一步探索将土地短期利用纳入不动产登记的规范体系中,推进短期利用市场规范化和制度化建设。

(二)加快提升基层管理能力水平,营造良好的制度运行环境

城市化发展的重要环节之一就是要协调城市发展与土地需求及土地保护之间的关系,根据城市不同的经济发展阶段,土地短期利用的内涵也应该有着特定时期不同的特点。我国各地区在经济发展水平、建成区面积、土地开发强度等方面差距明显,土地短期利用在适用于不同发展阶段的城市区域,比如高度建成区、新开发建设区、衰退型城区等类型上,对应不同的短期利用需求和形态。具体而言应在审批力度、用途范围和使用期限上结合城市自身发展特点作出相应细化和调整,对于高度建成区应重点考虑短期利用的必要性问题,在用途和使用期限上应相对趋紧;而对于存在大量未开发土地的新开发建设区,则应重点考虑规划建设和批后监管、到期收回等问题。同时,考虑到土地短期利用相较于长期利用,客观来看提高了土地周转和换手频次,在某种程度上也提高了政府的管理成本、增加了管理难度,对于部分地区基层政府管理能力和水平更是一种考验,尤其是考虑到申请及审批程序、地价、土地用后收回等时间和经济成本,短期利用经济效益将面临一定考验,政府和市场在考虑制度经济性的同时,参与积极性或打折扣。

考虑到短期利用目前仍处在实践探索阶段,有必要引导政府及市场主体转变思想观念,降低土地财政依赖,加快执政理财方式的优化和转变。同时,引导企业转变思路,加强相关专题政策宣讲,提升基层管理能力水平,探索通过资金补助、政策优惠、操作指引等方式,鼓励政府及市场主体以各种形式参与土地利用工作,在实践中吸纳普通市民、专家学者、行政人员等的意见,不断丰富土地短期利用实践样本,为后续制度出台及研究积累经验。

与此同时,短期利用也面临着传统土地供应的共性问题,现阶段短期利用用地监管难度依然较高,相关用地退出与收回机制还不够有力。虽然我国一直高度重视土地节约集约利用,也相继建立了土地利用动态巡查制度,然而在实践中用地企业囤积土地、低效利用土地,政府部门"重审批、轻监管"等问题依然存在,土地供后的监管仍是

难题。短期利用年期较短,使用者和监管主体履行续期、到期收回、拆除清理、恢复原状等后续流程的时限也更为紧张,其按时收回、处理用地的难度也更大。因此,有必要从监管主体、标准、技术、协同管理等方面进一步发力,借助数字化手段,丰富和完善信用监管、数字化监管标准和手段,加强对企业运营状况的监督和统计,建立健全政府和市场间长效信息沟通机制,进一步完善短期利用到期后续期或延期相关规则,引入多主体参与监督,打通土地短期利用的关键瓶颈,为政府和市场主体扫除后顾之忧。未来还更多需要政府、市场、社会多方共同努力,政府部门之间加强协同、形成合力,确保高效运作,不断提升监督管理水平,稳定政府、市场各方预期,营造良好稳定的制度环境。

（三）持续拓展短期利用场景,丰富"时间秩序"内涵和外延

事实上,"时间秩序"的运用不仅仅体现在土地的短期利用上,针对建筑物等空间的短期利用以及短期规划等在实践中亦有相关探索。

以既有房屋临时改变用途为例,2022年11月出台的《北京市城市更新条例》明确提出探索实施建筑用途转换、土地用途兼容。存量建筑在符合规划和管控要求的前提下,经依法批准后可以转换用途。存量建筑用途转换经批准后依法办理规划建设手续,符合正面清单和比例管控要求的,按照不改变规划用地性质和土地用途管理;符合正面清单,但是超过比例管控要求的,应当依法办理土地用途变更手续,按照不同建筑用途的建筑规模比例或者功能重要性确定主用途,按照主用途确定土地配置方式、使用年期,结合兼容用途及其建筑规模比例综合确定地价。浙江等多地区更是进一步明确临时改变房屋用途管理具体规定,如台州市明确临时改变房屋用途是指不动产权证登记为工业、物流仓储、商业、商务金融、娱乐康体等二级类用途,在不改变土地性质的前提下,临时改变不动产权证登记的房屋用途类别;明确临时改变房屋用途的期限不得超过5年,期限届满确需延续的,可以在期限届满前60日内申请延期,每次延期的期限不超过2年;申请人可以根据使用需求自行申报临时改变房屋用途的时间,未申请延续或延续申请未获批准的,应当自行恢复原房屋用途;经批准临时改变房屋用途的,原批准的房屋用途不变,不作为改变房屋产权和土地登记的依据。

以规划视角的"时间秩序"为例,新加坡的"白地"规划实践可以看作是规划角度的一种"短期利用",对于暂时不能确定用途的土地,不确定规划指标,可以建成一般建筑,也可以作公共空间使用,还可以先铺上草坪闲置,然后每5年对规划作一次修正,评估土地价值,在适当的时候投入市场,可由政府或市场主体主导开发。"白地"适用的用地性质主要为居住、办公、商业、酒店、酒店式公寓、娱乐会所、协会、会展、娱乐设施九类,在开发过程中允许在符合规划条件的不同使用性质中进行调整与布局,无需缴纳土地溢价费。根据地区发展程度与开发条件推导地块功能,并通过"白色成分"这

一弹性部分应对市场变化产生的调整需求,通过较为完善的规划评估机制与土地市场联动,对于整体的建设时序和土地的开发配比能够较好地控制,为土地利用提供更大的规划调整空间。

因此,短期利用不应局限在土地利用方面,针对其他空间、其他方式或形式也可以充分运用"时间秩序"理念推动实现集约节约和高效利用。

参考文献

[1] Adenuga A H,Jack C,McCarry R,et al. Barriers and enablers of long-term land leasing:a case study of Northern Ireland[J]. EuroChoices,2023,22(2):20-27.

[2] Yimam S Y,Lind H,Alemu B Y. Understanding urban land leasing system as a strategic value capture instrument to enhance urban revenue in ethiopia:a case study of Bahir Dar city[J]. Economies,2022,10(6):146.

[3] Lee Y S. A study on the social housing cooperatives model based on public land leasing system to secure the right to housing for occupants in public lands-focused on the Jaegun Village, Kangnam-gu[J]. Seoul Studies,2015,16(2):129-148.

[4] Osei-Owusu A,Henten A. The land rental system and diffusion of telecom infrastructure in Ghana:an institutional and transaction economics approach[J]. Eurasian Business Review, 2017,7(2):183-202.

[5] Wang K Q,Li G X,Liu H M. Location choice of industrial land reduction in metropolitan area: evidence from Shanghai in China[J]. Growth and Change,2020,51(4):1837-1859.

[6] Wu Y Z,Zhang X L,Skitmore M,et al. Industrial land price and its impact on urban growth:a Chinese case study[J]. Land Use Policy,2014,36:199-209.

[7] 毕宝德. 土地经济学[M]. 7版. 北京:中国人民大学出版社,2016.

[8] 曹文慧,赵小风,黄贤金,等. 江苏省不同类型工业企业土地集约利用与影响因素[J]. 地域研究与开发,2016,35(3):104-108,113.

[9] 曹永芹. 城市土地集约利用路径模式的识别及变化研究:以我国五大城市群地区为例[D]. 兰州:兰州大学,2023.

[10] 陈士丰,史抗洪,杨忠伟. 基于"灰色用地"理论下的萎缩型边缘区土地动态控制规划的实践探索[J]. 现代城市研究,2017(4):68-74,81.

[11] 陈士丰,杨忠伟,王震. 灰色用地:一种协调蔓延萎缩边缘区近远期土地弹性利用的规划方法[J]. 城市发展研究,2016,23(1):70-77.

[12] 陈西敏. 基于规划法的规划许可社会秩序辨释与探微[J]. 城市规划,2012,36(3):51-64.

[13] 崔建远,陈进. 土地储备制度的现状与完善[M]. 北京:中国人民大学出版社,2014.

[14] 邓林娜,唐燕. 临时性使用的国内外研究进展与价值内涵[J]. 国际城市规划,2023(6):1-15.

[15] 丁红军. 工业用地出让应考虑企业发展周期[J]. 中国土地,2015(8):56-57.

[16] 董鹏宇,赵华甫,肖秀英.闲置土地临时利用模式探析[J].中国土地,2017(11):26-27.

[17] 赫斯,王琳.过渡性开放空间:城市开放空间开发中兴起的临时使用现象[J].城市环境设计,2007(3):87-92.

[18] 范欣,宋晓雨,金山.开发区建设、要素空间流动与城市土地利用效率[J].学术研究,2023(7):102-109.

[19] 方创琳,马海涛.新型城镇化背景下中国的新区建设与土地集约利用[J].中国土地科学,2013,27(7):4-9.

[20] 付泉川.中国资源衰退型城市棕地群空间特征与再生策略研究[D].北京:清华大学,2021.

[21] 付莹.深圳经济特区有偿使用土地制度变迁及其影响[J].深圳大学学报(人文社会科学版),2016,33(4):26-31.

[22] 高国力.新加坡土地管理的特点及借鉴[J].宏观经济管理,2015(6):86-88,92.

[23] 洪敏,金凤君.紧凑型城市土地利用理念解析及启示[J].中国土地科学,2010,24(7):10-13,29.

[24] 胡动刚,程鹏,宋彦.供给侧结构性改革下节约和集约用地的再认识[J].中国土地科学,2017,31(11):47-54.

[25] 黄贤金,陈志刚,钟太洋,等.土地制度与政策研究导引[M].南京:南京大学出版社,2016.

[26] 吉云.经济学中的不确定性和有限理性[J].经济评论,2007(6):37-41,54.

[27] 姜海,曲福田.建设用地需求预测的理论与方法:以江苏省为例[J].中国土地科学,2005(2):44-51.

[28] 科斯,诺思,威廉姆森,等.制度、契约与组织:从新制度经济学角度的透视[M].北京:经济科学出版社,2003.

[29] 孔伟,郭杰,欧名豪.不同经济发展水平下的建设用地集约利用及区域差别化管控[J].中国人口·资源与环境,2014,24(4):100-106.

[30] 孔伟,郭杰,欧名豪,等.中国建设用地集约利用变化及分区管控研究[J].中国土地科学,2016,30(4):13-20.

[31] 李波.发达国家的土地利用规划制度及借鉴意义[J].中国城市经济,2011(1):286-287.

[32] 李丹.资源枯竭型城市转型中的土地利用政策研究:以德国鲁尔区为例[J].中国房地产,2014(23):58-61.

[33] 李阁峰.工业用地先租后让及弹性年期出让分析[J].中国土地,2016(8):29-30.

[34] 李阁峰.关于实施工业用地先租后让及弹性使用年限出让政策的分析[J].财政科学,2016(7):32-36.

[35] 李嘉瑜,刘芳,魏小武.产业用地供给政策的创新:以广东省深圳市的实践与探索为例[J].中国土地,2018(12):28-31.

[36] 李嘉瑜,魏小武,刘芳.城市已批未建闲置用地处置的困境与对策[J].中国土地,2020(10):28-30.

[37] 李鑫,严思齐,肖长江.不确定条件下土地资源空间优化的弹性空间划定[J].农业工程学报,

2016,32(16):241-247.

[38] 李延荣,蒋成华.国有土地租赁法律问题研究综述[J].中国土地科学,2001(3):18-23.

[39] 林莉,王英行.再思土地利用的相容性:新形势下土地利用模式的思考[J].现代城市研究,2011,26(11):64-68.

[40] 林强,夏欢,胡淙涛,等.深圳土地整备的政策反思与制度优化:从空间规划逻辑到不动产权益逻辑[J].城市发展研究,2023,30(5):111-117.

[41] 林强,游彬.存量用地规划实施的政策路径:以深圳下围社区土地整备项目为例[J].城市发展研究,2018,25(7):68-73.

[42] 林强.半城市化地区规划实施的困境与路径:基于深圳土地整备制度的政策分析[J].规划师,2017,33(9):35-39.

[43] 科斯,阿尔钦,诺斯,等.财产权利与制度变迁:产权学派与新制度学派译文集[M].上海:上海人民出版社,1994.

[44] 刘彩霞,翁磊.储备土地临时管护问题及对策:以湖北省武汉市为例[J].中国土地,2019(7):53-54.

[45] 刘成明,李贵才,陶卓霖,等.制度缺陷及摩擦对空间效率的影响机制:以深圳市为例[J].地域研究与开发,2019,38(6):58-62.

[46] 刘芳,魏小武,李嘉瑜,等.深圳市建设用地批后监管制度构建研究[J].规划师,2020,36(16):32-37.

[47] 刘芳,伍灵晶.深圳市推进土地要素市场化配置的实践与思考[J].中国国土资源经济,2021,34(9):76-81.

[48] 刘芳.探索建设用地批后监管制度的构建:以深圳市为例[J].中国土地,2020(1):33-36.

[49] 刘峰,谷志莲,沈利强,等.深圳原农村土地产权处置模式反思与基于共有产权的路径创新[J].特区经济,2018(7):43-45.

[50] 刘峰,许旭,刘芳,等.深圳原农村土地盘活路径研究[J].特区经济,2017(1):15-17.

[51] 刘盼盼.基于企业生命周期的工业用地弹性出让制度研究:以徐州国家高新技术产业开发区为例[D].徐州:中国矿业大学,2019.

[52] 刘守英,王志锋,张维凡,等."以地谋发展"模式的衰竭:基于门槛回归模型的实证研究[J].管理世界,2020,36(6):80-92.

[53] 刘守英,熊雪锋,章永辉,等.土地制度与中国发展模式[J].中国工业经济,2022(1):34-53.

[54] 刘文俭.城市经营概论[J].现代城市研究,2001(5):1-3.

[55] 刘喜广.城市土地可持续利用研究:以武汉市为例[D].武汉:华中农业大学,2007.

[56] 刘旭晔.土地可持续利用研究进展及未来研究趋势[J].经济研究导刊,2015(9):172-176.

[57] 卢现祥.西方新制度经济学[M].北京:中国发展出版社,1996.

[58] 陆璐.闲置土地临时利用模式探索[J].国土资源,2019(8):46.

[59] 罗浩轩.中国农村土地节约集约利用研究:以城乡一体化为视域[M].成都:四川大学出版社,2018.

[60] 罗静,曾菊新.城市化进程中的土地稀缺性与政府管制[J].中国土地科学,2004,18(5):16-20.

[61] 罗艳华,李平星.弹性空间研究的知识图谱分析与重点方向展望[J].热带地理,2022,42(4):533-543.

[62] 吕晓,牛善栋,黄贤金,等.基于内容分析法的中国节约集约用地政策演进分析[J].中国土地科学,2015,29(9):11-18,26.

[63] 马琳,黄志基,宋名悦,等.产业用地混合利用的国际经验与实践启示[J].国际城市规划,2023,38(3):91-98.

[64] 孟星.城市土地的政府管制研究[J].复旦学报(社会科学版),2006(3):106-112.

[65] 诺斯.制度、制度变迁与经济绩效[M].刘守英,译.上海:上海三联书店,1994.

[66] 濮晔.论土地使用制度改革中的统管原则[J].管理世界,1995(4):69-73.

[67] 钱忠好.中国农村土地制度变迁和创新研究[M].北京:中国农业出版社,1999.

[68] 瞿诗进,胡守庚,李全峰.中国城市建设用地转型阶段及其空间格局[J].地理学报,2020,75(7):1539-1553.

[69] 深圳市规划国土发展研究中心.深圳市土地资源[M].北京:科学出版社,2019.

[70] 沈利强,罗婷文,明庭辉,等.开放式土地利用计划精细化管理系统设计与应用:以深圳市为例[J].中国土地科学,2014,28(4):37-44.

[71] 沈利强,聂少华,王卫城,等.城市土地利用效益与城市化的动态关系研究:基于深圳市1996—2014年数据的实证分析[C]//中国城市规划学会,杭州市人民政府.共享与品质——2018中国城市规划年会论文集(16区域规划与城市经济).北京:中国建筑工业出版社,2018:456-466.

[72] 沈利强.基于GIS的高度城市化地区用地预申报管理系统构建与实践:以深圳市为例[J].规划师,2015(1):207-212.

[73] 司马晓,邹兵.对建立土地使用相容性管理规范体系的思考[J].城市规划汇刊,2003(4):23-29,95.

[74] 苏巧梅,王文革.城市土地供应年期的合理确定[J].中国土地科学,2006(6):52-55.

[75] 孙平军,吕飞,修春亮,等.新型城镇化下中国城市土地节约集约利用的基本认知与评价[J].经济地理,2015,35(8):178-183,195.

[76] 孙施文,刘奇志,王富海,等.城乡治理与规划改革[J].城市规划,2015,39(1):81-86.

[77] 田野.工业用地"先租后让"发展困境及对策研究[D].郑州:郑州大学,2021.

[78] 王芳芳,郑新奇,夏天.集约用地理论模式探析[J].中国土地科学,2015,29(1):41-47.

[79] 王露,刘彩霞.武汉市储备土地临时利用分析及对策[J].商业经济,2018(4):42-43,66.

[80] 王守智,吴春岐.土地法学[M].北京:中国人民大学出版社,2011.

[81] 王万茂,王群.土地利用规划中不确定性的识别和处理研究[J].中国人口·资源与环境,2011,21(10):84-90.

[82] 王万茂.规划的本质与土地利用规划多维思考[J].中国土地科学,2002(1):4-6.

[83] 王先进.论城市土地使用制度改革[J].中国土地科学,1988,2(4):1-10.

[84] 王岳龙,邹秀清.土地出让:以地生财还是招商引资:基于居住-工业用地价格剪刀差的视角

[J]. 经济评论,2016(5):68-82.

[85] 王震,杨忠伟,张承. 一种协调开发区近远期产业布局的弹性控制方法:"灰色用地"规划方法[J]. 国际城市规划,2014,29(2):105-110.

[86] 王子强,祁鹿年. 弹性用地思想导向下的用地功能更新研究:以苏州工业园区为例[J]. 现代城市研究,2017(2):114-119.

[87] 吴次芳,韩昊英,赖世刚. 城市空间增长管理:工具与策略[J]. 规划师,2009,25(8):15-19.

[88] 吴次芳,邵霞珍. 土地利用规划的非理性、不确定性和弹性理论研究[J]. 浙江大学学报(人文社会科学版),2005(4):98-105.

[89] 吴次芳,谭荣,靳相木. 中国土地产权制度的性质和改革路径分析[J]. 浙江大学学报(人文社会科学版),2010,40(6):25-32.

[90] 吴郁玲,曲福田. 中国城市土地集约利用的影响机理:理论与实证研究[J]. 资源科学,2007(6):106-113.

[91] 吴智刚,周素红. 快速城市化地区城市土地开发模式比较分析[J]. 中国土地科学,2006(1):27-33.

[92] 伍灵晶,刘芳,罗罡辉,等. 构建存量土地开发的市场化机制:理论路径与深圳实践[J]. 城市规划,2022,46(10):46-55.

[93] 伍灵晶,刘芳,谢静媚. 深圳:临时用地管理的制度化与规范化[J]. 中国土地,2021(1):53-54.

[94] 谢文婷,曲卫东. 成都市工业用地弹性出让改革中企业用地选择偏好分析[J]. 中国土地科学,2021,35(8):39-46.

[95] 邢一丹. 产业结构优化视角下工业用地供给改革研究:以江苏省为例[D]. 南京:南京农业大学,2017.

[96] 徐勇,汤青,樊杰,等. 主体功能区划可利用土地资源指标项及其算法[J]. 地理研究,2010,29(7):1223-1232.

[97] 许维,杨忠伟,王震. 城市"灰色用地"规划的应用性研究[J]. 上海城市规划,2012(1):95-100.

[98] 严金明,李储,夏方舟. 深化土地要素市场化改革的战略思考[J]. 改革,2020(10):19-32.

[99] 杨刚强,张建清,江洪. 差别化土地政策促进区域协调发展的机制与对策研究[J]. 中国软科学,2012(10):185-192.

[100] 杨俊,黄贤金,王占岐,等. 新时代中国城市土地集约利用若干问题的再认识[J]. 中国土地科学,2020,34(11):31-37.

[101] 杨璐璐. 中国土地供给制度演进轨迹:文献综述及其引申[J]. 改革,2012(1):24-32.

[102] 杨舢. "过渡使用"在国内外的发展及相关研究:一个城市研究的新视角[J]. 国际城市规划,2019,34(6):49-55.

[103] 杨忠伟,王震. 城市白色用地与灰色用地规划比较研究[J]. 现代城市研究,2011,26(12):28-33.

[104] 杨忠伟,王震. 新城规划中的土地利用弹性控制方法研究:以杭州湾新城为例[J]. 城市规划,2014,38(6):43-49,58.

[105] 杨忠伟,臧慧怡.灰色用地在苏州工业园区的规划探索[J].规划师,2009,25(5):21-24,38.

[106] 叶芳.冲突与平衡:土地征收中的权力与权利[D].上海:华东政法大学,2010.

[107] 叶岚,王有强.中国数字化监管的实践过程与内生机制:以上海市L区市场监管案例为例[J].上海行政学院学报,2019,20(5):70-79.

[108] 衣霄翔,张郝萍,夏雷.国际收缩城市应对空置问题的临时使用策略及启示[J].城市规划学刊,2022(2):111-118.

[109] 殷小勇,殷会良,马嵩.国有土地租赁制度在城市新区的适用性探讨[J].中国土地,2022(4):24-27.

[110] 尹奇,吴次芳,罗罡辉.土地利用的弹性规划研究[J].农业工程学报,2006(1):65-68.

[111] 俞文华.当前我国城市土地租赁制度建设[J].城市发展研究,1998(6):26-31,64.

[112] 岳隽,赵新平,邓岳方,等.我国土地出让年期制度改革前期研究[J].国土资源情报,2009(6):35-37.

[113] 岳隽,范朋灿.新时期国土空间治理的价值传导与目标演进:市县国土空间规划指标体系的响应[J].热带地理,2021,41(4):676-684.

[114] 詹希平,刘昉.供给侧结构性改革下的土地储备供应制度研究[J].中国国土资源经济,2018,31(6):28-32.

[115] 张孝宇,陈华飞.工业用地弹性出让难在哪儿[J].中国土地,2016(10):28-30.

[116] 张雄.储备土地管护与临时利用思考[J].中国土地,2020(7):44-45.

[117] 赵茜宇,张国伟,郑伟,等.保障房土地供应制度困境与重构探析:以北京市为例[J].经济体制改革,2015(5):191-195.

[118] 赵思凡.对集约用地内涵的再思考:基于对香港城市土地集约利用模式的分析[J].中国土地科学,2009,23(8):73-77.

[119] 赵小风,黄贤金,陈逸,等.城市土地集约利用研究进展[J].自然资源学报,2010,25(11):1979-1996.

[120] 郑皓,邓华,吴颖岷,等.产业用地"10+N"出让模式下的灰色用地规划实施路径[J].规划师,2022,38(2):70-76.

[121] 郑皓,杨忠伟.基于"精明增长"的城市灰色用地规划研究[J].现代城市研究,2009,24(9):32-35.

[122] 周莉,赵燕,王伟,等.信用监管标准化有关问题思考与探讨[J].征信,2022,40(3):32-36.

[123] 周思锶,范媛媛.新加坡产业用地政策研究[J].产业创新研究,2020(4):69-73.

[124] 周宜笑.德国空间秩序规划与城市规划、专项规划的空间要素管理与协调[J].国际城市规划,2021,36(1):99-108.

[125] 朱延智.企业危机管理[M].北京:中国纺织出版社,2003.

[126] 邹兵.深圳城市空间结构的演进历程及其中的规划效用评价[J].城乡规划,2017(6):69-79.

[127] 邹兵.实施性规划与规划实施的制度要素[J].规划师,2015,31(1):20-24.

[128] 邹兵.增量规划向存量规划转型:理论解析与实践应对[J].城市规划学刊,2015(5):12-19.

作者简介

沈利强，高级工程师，现任深圳市龙华区发展研究院副院长，深圳市城市规划学会理事。曾在深圳市规划国土系统工作11年，长期从事土地规划与利用、土地与住房政策、城市生态等领域研究，先后主持了深圳市、东莞市等地区土地利用规划与政策研究20余项。参加的课题荣获国家地理信息科技进步奖、深圳市城市规划设计奖若干项。在《南京大学学报（自然科学）》《中国土地科学》《中国土地》《遥感信息》等重要刊物和学术会议上发表论文10余篇。

肖斌，高级工程师，河北雄安新区土地管理特聘顾问，广东省土地学会常务理事。在规划和自然资源部门工作20多年，长期深耕土地供应、城市更新、土地整备及城市运营等政策研究与实务工作，熟悉土地资源配置的全流程和各环节。牵头或参与制定深圳市、前海合作区、雄安新区10余项土地改革政策，涵盖招拍挂出让、作价出资、土地租赁、产业项目遴选供地、立体复合利用等领域。实操深圳新会展中心、前海国际会议中心、前海交易广场立体复合开发等一批重大项目的土地供应与开发。

刘峰，高级工程师，现任深圳市龙华区发展研究院总工程师。有10余年规划国土领域工作经验，长期从事土地制度与政策、权籍管理、住房发展、存量空间开发等领域研究，先后主持或参与深圳市、东莞市等地区10余项土地政策研究。参加的课题荣获国家地理信息产业工程奖、深圳市城市规划设计奖若干项。在 Geo-spatial Information Science、《国土资源科技管理》《特区经济》等刊物和学术会议上发表论文数篇。